新 视 界

始于未知　去往浩瀚

市值管理

原则与方法

张　凡　陈开伟
包可欣　苏芷歆　著

上海远东出版社

图书在版编目（CIP）数据

市值管理：原则与方法 / 张凡等著. -- 上海：上海远东出版社，2025. --（新视界丛书）. -- ISBN 978-7-5476-2101-1

Ⅰ. F279.246

中国国家版本馆 CIP 数据核字第 2024L5P479 号

出 品 人　曹　建
责任编辑　程云琦　杨婷婷
封面设计　徐羽心

投资新视界丛书

市值管理：原则与方法

张　凡　陈开伟　包可欣　苏芷歆　著

出　　版　上海远东出版社
　　　　　（201101　上海市闵行区号景路 159 弄 C 座）
发　　行　上海人民出版社发行中心
印　　刷　上海商务联西印刷有限公司
开　　本　635×965　　1/16
印　　张　19.75
字　　数　220,000
版　　次　2025 年 4 月第 1 版
印　　次　2025 年 4 月第 1 次印刷
ISBN　978 - 7 - 5476 - 2101 - 1/F・758
定　　价　98.00 元

序　言

　　非常荣幸能有这个机会把我从业近20年的经验以此书的方式呈现给读者。作为一名经济研究及资本管理工作的从业人员，为行业发展贡献自己的力量是义务也是责任。市值管理这个话题很大，融合了多种学科的知识和资本市场多个工作岗位的内容，要以全貌的形式来总结实践经验并不容易。我的三段工作经历给了我独特的视角来近距离观察这个市场，使我在其中体悟良多。研究生毕业之初，我在机缘巧合之下进入上海一家国内知名的保险公司，后又被调到集团从事资本研究的工作。2006年10月，我有幸进入长江证券研究部宏观策略组，跟随国内著名的宏观经济研究学者周金涛先生学习康波周期。经历了2006—2007年的中国股市牛市和2008年的世界经济危机之后，康波周期成为支撑当时卖方研究机构观察经济发展动向的理论基石。从2010年开始，我进入广发证券销售交易部，负责上市公司业务，由此从理论研究转入实践。直到2013年，我发现了新的机会而创业，也始终围绕着资本市场和上市公司开展业务。这三段经历构成了我在市值管理领域理论和实践的复合背景，能够让我以理性的视角去观察资本市场所发生的事情。

周期性、波动性本身就是资本市场的特征，所有的参与者都必须在这种波动中学会驾驭资本之船，认识规律、掌握规律，如此才能生存下来。企业在开展市值管理的过程中更需要善用资本和经济周期波动的规律，这样才能起到事半功倍的效果，否则，无论是多大的巨轮都可能淹没在浩瀚的资本海洋中。但是我们也可以看到，经济理论学派众多，每一个理论都用不同的视角去观察和解释经济，而社会是发展变化的，没有任何一个经济理论可以一直沿用，决策者通常会根据当时的社会环境和主要矛盾选用不同学派的解决方案，以实现其治理社会的目标。而从实践的视角来讲，这个目标就是我们要重点关注的问题。中国走到今天，庞大的经济体量使得政府面临更多的决策无人区，我们已很难照搬西方的一些规则来解决我们自己的问题。我们国家在社会生态中给予金融的定位有两个：一是金融服务实体；二是建设有中国特色的资本市场。作为资本市场从业者，我们需要把视野回归到国家长远的核心竞争力——实体经济的建设上来，研究如何让资本更好地服务实体经济。资本是敏感的、逐利的、厌恶风险的，这是资本的本性，我们可以认识并利用这一点来驾驭资本，这也是我撰写本书的初衷。恰逢国家大力推广市值管理，这使我更加用心地完成本书。因为才疏学浅，时间有限，书中难免有纰漏之处，还请读者朋友们多提宝贵意见。

张　凡

2025 年 2 月 10 日

前　言

市值管理是一门实践科学，随着社会发展变化而不断演变。在正式展开讲述之前，先来看看过去资本市场遇到的一些问题。

- 上市公司年报预告盈利，后又修正年报数字，显示亏损。
- 上市公司开展期货套期保值业务，大幅亏损。
- 强周期上市公司，如有色金属、航运等行业，利润波动宛如过山车，盈利和亏损规模巨大，均多达几百亿元。
- 上市公司进行股权激励，但员工持股计划大幅亏损，或出现员工无法行权的情况，导致企业生产积极性受挫。
- 上市公司并购资产，通过做高商誉来提升被并购资产的价值，当商誉大幅减值时，股价下跌。
- 上市公司定增融资，但定增投资者解禁时面临亏损，上市公司大股东履行保底承诺。
- 上市公司在上市前三年进行大比例的送配股，导致股价大幅上涨，而大股东解禁时，手上可用的财务资源已不多。
- 上市公司上市开盘即历史高点，一路"深套"投资者。

- 大股东假减持，与市场资金共同操控股价，结果因监管介入或利益分配不均，引发负面舆论。
- 上市公司进行关联交易或将利益输送至外部，导致被监管或引发负面舆论。
- 大股东在股价高位进行股权质押，在股价下跌后不断补仓，直至丢失控股权。
- 上市公司 IPO 后业绩大"变脸"，上市后和上市前业绩完全不一样。
- 上市公司的利润完全靠变卖资产支撑以避免退市。
- ……

上述问题只是过去资本市场的冰山一角，还有更多的问题，在此不再一一列举。如果把这些问题放在资本市场的大框架下思考，就会发现它们其实属于同一个问题，那就是失败的市值管理。市值管理不是阴谋，不是暗箱操作，而是一种塑造资本品牌、多方共赢的阳谋。矛盾论指出，矛盾是普遍存在的，是相互联系、互相转化的。解决任何一个问题都必须考虑其他更多因素的影响，以避免一个问题的解决引发更大的问题，甚至陷入恶性循环的陷阱，从而无法形成可持续的、良性的发展。

资本品牌的杠杆效应和传播速度都远超实体产品，它是一把双刃剑，用得好，可以汇聚天下资源，助力企业发展；用得不好，就容易使企业陷入万劫不复的深渊。实体产品需要经过调研、设计、市场营销、抢占用户心智等一系列行为才能完成其品牌塑造，而资本品牌的塑造同样需要经过周密的设计、良好的发行以及动态且严谨的执行。市值管理就是这样一套塑造资本品牌的系统工程，不同企业市值管理的"术"不一样，但"道"是一样的。笔者根据近20年的资本市场从业经验，不断总结和摸索，在这个特殊的历史时刻把一些经验分享给社会，希望能聊尽绵薄之力，为中国的资本市场带来一些正能量。

历史上，中国的股市曾经历过一个疯狂的阶段，各路资金以市值管理的名义参与股价操纵和内幕交易。但监管打击的从来都是不公平的交易等伪市值管理行为，2017年，官媒还曾鼓励过合法合规的市值管理。在当下这个时点，中国的监管部门更是把市值管理提高到战略层面，甚至在国家层面把央国企的市值纳入经营管理层的考核，这是有深刻历史背景的，这个深刻的历史背景就是人民币国际化。关于这一背景的由来及其重要性，这里就不再赘述了，需要重点关注的问题是，为什么人民币国际化会和市值管理挂钩呢？因为其中一个非常重要的方面在于，要想人民币被更多的国家和地区接受，就必须提供更多优质的、以人民币计价的资产，给人民币的国际持有人提供一个可以使用人民币投资并实现保值增值的渠道，换句话说，就是要建立人民币的回流机制。离岸人民币不可能都用于来中国买房子，最大的可能就是通过投资具有流动性的资产来保证其持有人民币的灵活性。这也就是为什么在国际化大背景下我国一定会坚持金融市场的对外开放，而且每当外部压力增大时，我们都会在金融市场开放方面更进一步。现如今，QFII（合格境外机构投资者）的投资额度审批制已经取消，海外人民币进入中国可以不再受数量的限制，如此一来，我们的股票市场、债券市场、期货市场就太重要了，如果上市公司还停留在造假、圈钱、运营低效的层面，那么人民币的国际持有人是没有兴趣投资中国市场的，这就变相降低了持有人民币的吸引力。举个例子，在俄乌冲突期间，俄罗斯卖了大量的石油给印度，收了一堆印度卢比，后来却拒绝再用卢比结算，原因就是印度卢比的国际流通性受限，俄罗斯无法用卢比在印度购买商品或投资印度市场，最后只能改用阿联酋的迪拉姆结算，这是一个活生生的货币国际化的反面实例。

中国的股票市场已经是全球第二大市场，且还在不断地增加资产规模，但资产质量却因为历史问题而存在低效、不透明等弊病，这就给人民币的回流造成了很大的障碍。国有企业在中国的资本市场中总量超过一半，如果在其中引入市值管理的机制，那么中国股市的资产质量将会大幅提升，对海外人民币的持有人也极具吸引力，中国股票市场的牛市基础就会非常扎实。笔者对中国股市是持乐观态度的，原因是我们抓住了提升股市吸引力的"牛鼻子"，内因决定外因，内部资产质量上去了，解决外部问题的障碍也相对少一些。

另外一个问题与中国今天的资产负债率有关。资产负债率等于负债与总资产（总资产＝净资产＋负债）之比，降低负债率有两个办法，一是减小负债，二是做大总资产分母。减小负债不是容易的事情，放眼全球，很少有国家能做到这一点，特别是在今天的国际竞争格局下，很难做到收缩资产负债表，只有维持经济增长，才能有资源投入新的领域，从而赢得未来的竞争，因此第二种办法更符合解决问题的思路。而要想增加净资产，就要提高资本化率，提升市值。

　　方向明确了，但具体怎么操作仍是一大难题。市值管理的逻辑基础是公司治理，包括股权结构、企业战略等上层建筑，会涉及一些敏感话题，但这些都不是本书主要探讨的内容，本书的主要目标是阐述市值管理的方法论及其逻辑演变的过程。书中的思想不仅适用于国有企业，对民营企业同样适用，对非上市公司也有很强的借鉴意义。如果把个人看成一个公司，那么本书对个人发展亦有参考价值。

谨以此书纪念我的良师益友尼古拉斯·周金涛先生

目　录

序言　　　　　　　　　　　　　　　　　　　　　　　　　001

前言　　　　　　　　　　　　　　　　　　　　　　　　　001

第 *1* 章　市值管理的原则　　　　　　　　　　　　　　001

　1.1　原则一：市值管理是整体的哲学　　　　　　　　003

　1.2　原则二：市值管理第一目标是不败　　　　　　　017

　1.3　原则三：市值管理原理具有普适性　　　　　　　023

　1.4　原则四：市值管理需要符合客观规律　　　　　　027

　1.5　原则五：商业模式决定市值管理路径　　　　　　030

第 *2* 章　关于市值管理重要而隐蔽的问题　　　　　　041

　2.1　什么是好的市值管理　　　　　　　　　　　　　043

　2.2　市值管理的隐性成本　　　　　　　　　　　　　051

　2.3　资本品牌与产品品牌的关系　　　　　　　　　　054

　2.4　人力资源优化优先于市值管理　　　　　　　　　056

　2.5　现金是市值管理的双刃剑　　　　　　　　　　　059

　2.6　先发上市与后发上市的不同市值管理方式　　　　066

2.7　提升结构效率的资源储备　069

2.8　多层次资本市场的市值管理　071

2.9　以终为始控制企业经营过程　074

2.10　非上市公司如何利用市值管理方式实现经营　076

2.11　上市地的选择对市值管理的影响　079

第 3 章　市值管理影响因素新视野　083

3.1　宏观经济　085

3.2　产业政策与产业周期　088

3.3　公司治理　095

3.4　投资者关系管理　105

3.5　关于 ESG　114

第 4 章　市值管理的过程　123

4.1　问题的提出　125

4.2　上市前的准备　126

4.3　IPO 开始后的节点问题　127

4.4　市值管理的逻辑起点　129

4.5　市值管理的组织准备　132

第 5 章　战略性运用市值管理工具　137

5.1　股权激励与股东结构重整　139

5.2　增持、减持和回购　145

5.3　并购　153

5.4　再融资　　158

5.5　分红、送配与转增　　171

第 6 章　监管政策发展历程　　177

6.1　股权分置改革　　179

6.2　市值管理相关政策文件　　181

第 7 章　市值管理经典案例　　189

7.1　案例 1：华润集团　　191

7.2　案例 2：丹纳赫　　208

7.3　案例 3：博通　　229

7.4　案例 4：宝洁　　243

附录　市值管理相关监管规则　　259

附录 1　各类板块 IPO 的要求　　261

附录 2　各类板块锁定期规定　　270

附录 3　增持监管规则　　273

附录 4　减持监管规则　　276

附录 5　可转债、可交债和公司债的发行条件　　280

附录 6　上市公司监管指引第 10 号文件　　281

参考文献　　287

致谢　　289

后记　　290

图 目 录

图 1.1　内稳态负反馈调节机制　　　　　　　　　　　　005

图 1.2　目的性来自事物之间的交互作用　　　　　　　　007

图 1.3　增长的逻辑曲线　　　　　　　　　　　　　　　009

图 1.4　市值管理的社会跨度和时间跨度　　　　　　　　012

图 1.5　市值管理的内外部信息交换示意图　　　　　　　013

图 1.6　2004—2023 年酒类公司与航空类公司年净利润对比　020

图 1.7　QFII 发展进程与我国资本市场规模的演化　　　　029

图 1.8　运营效率和结构效率的关系　　　　　　　　　　031

图 1.9　不同效率提升方式对应的估值走势　　　　　　　032

图 1.10　2004—2023 年国内外石化公司销售净利润与净利率
　　　　对比　　　　　　　　　　　　　　　　　　034

图 1.11　2004—2023 年国内外铝业公司销售净利润与净利率
　　　　对比　　　　　　　　　　　　　　　　　　035

图 1.12　2004—2023 年国内外航空公司销售净利润与净利率
　　　　对比　　　　　　　　　　　　　　　　　　036

图 1.13　2004—2023 年国内外航运公司销售净利润与净利率
　　　　对比　　　　　　　　　　　　　　　　　　037

图 1.14　不同经营规模下周期性企业的波动情况　　　　　038

图 1.15　安全边际与波动区间　　　　　　　　　　　　038

图 2.1　　不同公司市值管理的结果Ⅰ　　　　　　　　　　045

图 2.2　　不同公司市值管理的结果Ⅱ　　　　　　　　　　046

图 2.3　　不同公司市值管理的结果Ⅲ　　　　　　　　　　047

图 2.4　　不同公司市值管理的结果Ⅳ（公司 G 的市值管理
　　　　　表现）　　　　　　　　　　　　　　　　　　　048

图 2.5　　市值管理利益共同体　　　　　　　　　　　　　052

图 2.6　　资产品牌与产品品牌示意图　　　　　　　　　　055

图 2.7　　资本核心资产与实体核心资产示意图　　　　　　056

图 2.8　　显性曲线与隐性曲线的关系　　　　　　　　　　058

图 2.9　　2014—2023 年纳斯达克成分股公司平均现金及等价
　　　　　物与美国联邦基金目标利率变化　　　　　　　　061

图 2.10　2014—2023 年纳斯达克成分股公司平均类现金资产
　　　　　与美国联邦基金目标利率变化　　　　　　　　　061

图 2.11　2008—2024 年道琼斯工业指数成分股公司平均现金
　　　　　及等价物与美国联邦基金目标利率变化　　　　　062

图 2.12　2008—2024 年道琼斯工业指数成分股公司平均类现
　　　　　金资产与美国联邦基金目标利率变化　　　　　　063

图 2.13　2014—2023 年主板公司货币资金与中国中央银行政
　　　　　策利率变化　　　　　　　　　　　　　　　　　063

图 2.14　2014—2023 年创业板公司货币资金与中国中央银行
　　　　　政策利率变化　　　　　　　　　　　　　　　　064

图 2.15　2014—2023 年科创板公司货币资金与中国中央银行
　　　　　政策利率变化　　　　　　　　　　　　　　　　064

图 2.16　通过私募股权基金构建资产池的策略　　　　　　071

图 2.17　市值管理目标示意图　　　　　　　　　　　　　075

图 3.1　　产业周期加（去）杠杆的时机与股票市场加（去）
　　　　　杠杆的时机　　　　　　　　　　　　　　　　　090

图 3.2   长鞭效应示意图   091

图 3.3   1960—2023 年全球人口变化趋势   093

图 3.4   1949—2023 年中国人口变化趋势   094

图 3.5   公司治理结构演变逻辑   096

图 3.6   海外上市公司与国有企业在公司治理结构方面具有
相似之处   096

图 3.7   企业动态战略管理的螺旋生长机制   098

图 3.8   营收利润曲线和资本信用曲线的关系   099

图 3.9   预期管理的目标   106

图 3.10   2015 年之前亚马逊历年营收利润与市值   107

图 3.11   2005—2023 年亚马逊历年营收利润与市值   107

图 3.12   2019 年 7 月起一年内安踏股价走势   110

图 3.13   2006 年 12 月起一年内辉山乳业股价走势   113

图 3.14   2018—2024 年申万教育指数表现   117

图 3.15   2018—2024 年游戏行业指数表现   118

图 4.1   非受控蜂巢传播模型与受控蜂巢传播模型   135

图 5.1   信用债结构及规模（截至 2024 年 9 月末）   162

图 5.2   我国历年信用债发行规模   164

图 5.3   2009—2024 年我国可转债历年票面利率   168

图 5.4   2013—2023 年我国可交债历年票面利率   170

图 6.1   2015—2023 年我国地方政府债规模、GDP 与地方
政府负债率   187

图 6.2   2000—2023 年我国名义 GDP、A 股市值和资产证
券化率   187

图 7.1   华润集团业务布局   192

图 7.2   华润集团 6S 管理体系   201

图 7.3   2014—2024 年华润集团营业收入及净利润同比   202

图 7.4　2014—2024 年华润集团销售毛利率及销售净利率　203

图 7.5　2002—2023 年丹纳赫收入结构变化　210

图 7.6　2005—2023 年丹纳赫的营业收入　211

图 7.7　2005—2023 年丹纳赫的毛利率和净利率　212

图 7.8　2005—2023 年丹纳赫的资产负债率　212

图 7.9　丹纳赫发展历程及其复权后股价变化情况　214

图 7.10　丹纳赫对并购标的的选择采取 MCV 策略　217

图 7.11　丹纳赫并购行业筛选标准　218

图 7.12　DBS 商业系统标志　219

图 7.13　DBS 三大核心目标　220

图 7.14　DBS 八大定量指标　221

图 7.15　DBS 提供的解决问题的标准化流程　222

图 7.16　2019 年—2024 年 H1 博通公司半导体和软件业务
营收情况　233

图 7.17　2006 年—2024 年 H1 博通公司利润及利润率情况　233

图 7.18　博通公司主要收购事件与发展阶段　235

图 7.19　2013 年至今第二、三阶段博通复权后股价变化情况　236

图 7.20　VMware 的主要业务结构　240

图 7.21　2014—2022 年博通偿债能力比率（总债务/前 12 个
月调整后的 EBITDA 率）　241

图 7.22　宝洁历史沿革　247

图 7.23　2005—2024 财年宝洁营业收入　250

图 7.24　2005—2024 财年宝洁的销售毛利率和销售净利率变化　251

图 7.25　2005—2024 财年宝洁经营性现金流及自由现金流变化　252

图 7.26　宝洁组织管理架构　254

图 7.27　2011—2024 年间宝洁各财年广告费用　257

图 7.28　1980—2024 年宝洁公司复权后股价变化图　258

表目录

表 2.1　公牛集团的主要财务指标与股票回购　　060

表 2.2　上市后三年间人均利润增长的企业数量统计　　067

表 2.3　全球各个资本市场的市值以及上市公司数量　　080

表 2.4　全球主要指数估值水平　　080

表 3.1　每轮工业革命的代表产业及影响　　087

表 3.2　ESG 具体类别　　114

表 3.3　中国国内 ESG 相关基金产品　　115

表 3.4　2018—2024 年政府关于校外培训的政策文件　　117

表 3.5　2018—2024 年政府关于游戏行业整顿的政策文件及
举措　　118

表 3.6　《中华人民共和国反垄断法》定义的反垄断类型　　119

表 3.7　2008—2023 年中国国家市场监管总局反垄断执法类
型及案件数量　　120

表 3.8　2012—2023 年国内典型垄断处罚案件　　121

表 5.1　海螺水泥在同业中的持股情况　　144

表 5.2　2009 年至今定增项目的盈利比例统计　　160

表 5.3　2014 年至今我国可转债、可交债和公司债发行情况　　170

表 5.4　2009—2023 年沪深上市公司现金分红公司中自然人持股公司占比　173

表 5.5　2012—2023 年北交所上市公司现金分红公司的自然人持股公司占比　174

表 5.6　2009—2023 年"新三板"上市公司现金分红公司的自然人持股公司占比　175

表 6.1　2015 年迄今政府机构及各大交易所发布的市值管理相关文件及要闻　183

表 7.1　2014—2023 年华润集团按板块业务拆分后的收入情况（亿元）　196

表 7.2　2014 及 2023 年华润集团分版块营业毛利率及占比　204

表 7.3　2014—2023 年华润集团费用率　205

表 7.4　华润集团旗下上市公司情况　205

表 7.5　2023 年丹纳赫业务布局情况　210

表 7.6　丹纳赫历任总裁及其并购导向　213

表 7.7　丹纳赫 2009 年之前选取标的的各项指标情况　218

表 7.8　1986—2023 年丹纳赫历史知名并购事件汇总　225

表 7.9　博通主要业务的拆分情况　230

表 7.10　博通公司上市后的重大并购事件　238

表 7.11　宝洁品牌矩阵　244

附表 1　各类板块 IPO 的要求　261

附表 2　各个板块锁定期规定　270

附表 3　增持相关规定　273

附表 4　减持相关规定　276

附表 5　可转债、可交债和公司债的发行条件　280

第 1 章

市值管理的原则

市值管理是一种应用社会运行规则创造价值的复杂活动，我们需要从不同视角来审视它，以从整体上把握这种经济活动的规律。任何事物都有正反两面性，不但要从正面理解事物，更要学会从事物的反面角度去把握它。《道德经》指出，道是万物之母，意思是万事万物的发展都要遵循规律，而对市值管理而言，原则就是它的"道"。

1.1　原则一：市值管理是整体的哲学

将该原则置于首位，是因为"不谋万世者，不足以谋一时；不谋全局者，不足以谋一域"，全局或曰整体思想是市值管理重要的思考方法。关于市值管理，其被引述最多的定义如下：市值管理是上市公司基于公司的市值信号，综合运用多种科学、合规的价值经营方式和手段，以达到公司价值创造最大化、价值实现最优化目的的一种管理行为。要想做到定义中所说的综合运用多种方式和手段，就需要用整体哲学的思想来理解这一问题。

本节关乎市值管理的整体哲学问题，涉及整体方法论、容量限制、老化问题、社会跨度以及时间跨度等多个方面。理解这些问题，有助于理解本书后续所要开展论述的内容。从确保一个问题完整性的角度出发，在起始阶段就需要考虑市值管理过程中的重点及其边界所在，而这种终局思考方式正是市值管理不可或缺的一部分。

1.1.1　整体方法论

　　整体方法论的第一个方面是整体大于部分之和，这是一个众所周知的哲学原理。但为什么整体大于部分之和，在很长一段时间内，人们对此都只有模糊的感知。直到 1930 年代以后，一般系统论、控制论、信息论等理论被陆续提出；再到 1950 年代以后，耗散结构理论、突变论等理论逐渐浮出水面，一种研究组织系统的诞生、演化以及整体与部分关系的新理论——整体哲学才正式问世。后来，生理学家提出了复杂组织的内稳态规律，这才使人们对整体大于部分之和有了较为完整的理解。对市值管理来说，战略战术的执行、工具的使用、投资者关系管理等所有与之相关的内容都是一个整体，因此，必须从组织层面保障市值管理工作的整体性。笔者曾于 2010 年在某证券公司负责上市公司的市值管理业务，当时发现了一个重要的问题，即市值管理业务涉及证券公司的多个核心部门，每一个部门都有其独特的盈利模式和利润分配机制，但作为上市公司，证券公司需要统筹所有资本市场的核心功能来下一盘完整的棋，然而，利益的割裂导致全部或者部分市值管理工作无法通过外包给证券公司的某一个部门而得以推动。从整体性角度来看，上市公司需要有一个组织来全盘统筹并负责全部的市值管理领导工作，这个组织应该是内部组织，且该组织的最高领导层应为董事会，外部机构只能起到辅助协调作用。总而言之，上市公司不能通过将业务外包给某一部门或第三方来完成市值管理工作。

　　整体方法论的第二个方面是内稳态的重要性。所谓内稳态，是指有机生命和社会组织具备这样一种能力，即生存的条件一旦发生偏离，这种偏离会迅速得到纠正，就像人体一旦受到病菌的侵蚀，就可能会通过发热来进行自我保护。这种稳态来自内部而不是外部，所以叫内稳态，它是整体大于部分之和的主要原因，也是建立健全组织生长机制的重要前提。内稳态是所有组织的重要共性，是任何一个组织的基础维生功能，它可以帮助组织调节自身的行为，并使其具备纠偏能力。一个组织之所以在受到干扰之后能够排除偏差并恢复到原来的状态，关键在于存在一种"负反馈调节机制"（图 1.1），这种机制使得组织能够自主识别目标差，并通过某种内部组织的力量来纠正这种偏差。

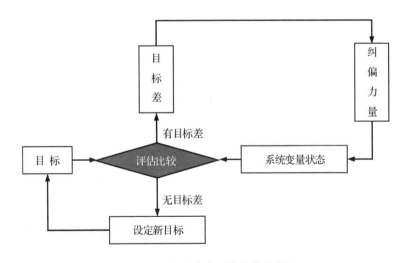

图 1.1　内稳态负反馈调节机制

　　市值管理的一个基础条件就是确保企业组织形成内稳态。要想满足内稳态所需的条件，企业组织需要做两件事情。第一，在组织内部建立高效的运转机制，尽可能减少内耗，为此，建章立制、流程管理等工作是必不可少的，它们是保障组织成长的基础条件。特别是对上市公司而言，如果主要管理层在市值管理方面存在分歧，就会形成很大的阻碍，这是一个常见的问题。具体而言，对于市值管理，有些企业内部没有理顺观念并形成共识，仅由个别主要领导推动相关工作，而组织内部的利益和意见并不统一。在这种情况下，市值管理很难具备内稳态的特征。第二，组织内部的结构要形成负反馈机制，还要特别注意评估目标差异机制的形成和纠偏力量的赋予，这种纠偏力量可以存在于监事会、董事会、股东会，乃至职工代表大会。纠偏机制是一种自我更新和监督机制，是现代公司治理的重要机制之一。在这一机制下，那些依赖企业领导"一言堂"的企业往往不如采用集体决策机制的企业走得远，其中的关键在于是否具备纠偏力量。当企业规模小、人数少时，其试错成本较低，为了保证决策的高效性，不必事事都采用民主决策的机制，因此"一言堂"模式能够保证企业快速行动以便适应市场；而当企业规模变大，决策成本变高，"一言堂"的试错成本就会快速增加，这时候企业就要形成集体决策机制，并在领导层实施一票否决制对此加以平衡。后文在阐述市值管理的组织准备工作时，将对这一问题展开进一步探讨。

整体方法论的第三个方面是目的性和学习机制。如果说前两个方面都在讲内部的问题，那么第三个方面讲的就是内外部互动的问题。一个有机整体要想保持持续的客观存在，就必须具备存在目的性，也就是存在的理由；同时，它需要通过比较外部环境的变化并运用试错机制来调整其行为应对方式，这就是学习机制。如图 1.2

所示，"目的性"来自事物之间的交互作用，对整体中的每一部分而言，比如社会中的组织、人体中的细胞等，其存在目的性往往是由外在规定的；对单独的某个部分所存在的整体而言，其存在目的性正是每个部分之间相互作用的一种方式和结果，比如家庭是由每个单独的个体角色相互之间的关系构成的。

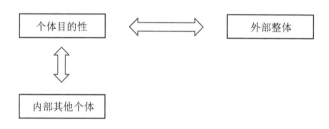

图 1.2　目的性来自事物之间的交互作用

在市值管理中谈及个体目的性，实际上就是在谈企业的使命、愿景、价值观的问题。有些企业的使命和愿景是与生俱来的，有些企业是在做大以后才树立使命和愿景的，但只要启动市值管理程序，首先碰到的就是这个问题。一方面，使命、愿景和价值观不仅是企业对外交互的产物，也是企业凝聚内部力量的重要方面。企业的经营靠人，人与人之间的聚集要么靠信仰，要么靠目标。企业在实现目标的道路上一定需要依靠信仰来凝聚团队，这就是一些具有强大的感召力和领导力的企业创始人能够最终成功的原因。另一方面，企业的核心管理人员应该具备相同的价值观，如果做不到这一点，企业就会陷入内耗。学习机制实际上能够推动组织根据外部环境变化来调整并优化内稳态，使自身达到新的发展水平；而目的性在学习机制的作用下会不断进行自我调整。比较常见的情况是，一个企业在不同发展阶段会提出不同层级的使命和发展愿景，不断更新和升级对自我的要求，以使企业能够吸引更好的人才和合作伙伴加入，从而到达新的高度。市值管理中的一切都是可以变化的，关键问题在于能否在当下找到适当的平衡，是否适应社会现状，以及是否匹配企业当前的能力。

内稳态、目的性以及学习机制也表明，市值管理业务是不能外包的，外界因素只能起到辅助作用，只有在企业内部形成决策、实施、纠偏、学习的机制，才能确保市值管理在执行过程中不发生目标偏离。

1.1.2　容量限制

再来谈谈容量限制的问题。整体哲学中的一个重要结论是，任何一个结构固定的组织的生长都必定存在极限，企业发展也不例外。在市值管理框架下，企业发展符合指数增长的逻辑，而指数增长的巨大威力，相信读者并不陌生。企业在追求市值最大化的过程中，需要维持一定的发展速度，如果某一年的发展速度偏低，股票价格就会出现下跌趋势；如果每年都保持一定的发展速度，企业发展就会呈现指数增长特征。但企业无法一直按指数增长模式发展，就像人体无法无限制地生长一样，任何指数增长到一定程度都会因受到某种条件的制约而降低增速，直至停止增长，这种规律可以用 S 曲线（图 1.3）来表示。

在市值管理中，增长容量的限制一般主要缘于两个方面：一是

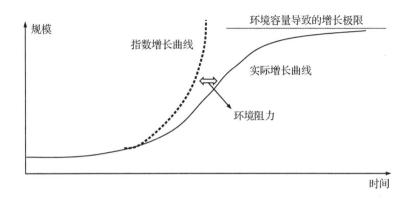

图 1.3　增长的逻辑曲线

产业资源的限制，比如供给或者需求的总量有限；二是反垄断的限制。那么，如果企业增长达到了容量的上限，应该怎么办呢？企业在开始做市值管理的时候就需要考虑这个问题，要知道增长的极限大致在哪里，并控制资源的投入。解除第一种限制的方法是并购。在产业容量非常有限的空间内，为了保持企业增长，需要不断地进行横向或纵向并购。但并购也要讲究策略，它是一种有规划的战略行为，并不是机会主义。丹纳赫（Danaher）是这方面的典型案例，该公司通过并购大量市场空间有限的企业，实现了母公司的持续增长，本书将在第 7 章对丹纳赫的市值管理工作展开详细介绍。解除第二种限制的方法是拆分公司和拓展更多市场。拓展更多市场一般是企业自主行为，而拆分公司更多缘于监管及社会压力。要想估算一个企业的市场容量，需要考虑全社会的总体市场规模、监管所允许的市场集中度、单一企业市场份额的上限，以及未来有可能发生的市场容量增加等因素，但基础因素是市场总体人口规模及其结构所对应的市场需求。

1.1.3　老化问题

企业建立的市值管理系统在运行一段时间后会出现老化现象。老化是一种普遍存在的现象，物品会老化，人会老化，组织也会老化，而老化是组织保持指数型发展趋势的很大阻力。整体老化的原因与整体构成的逻辑相对应，由于篇幅限制，此处不再详细阐述整体构成的逻辑，而是直接引用如下结论：整体分为有组织的个体集合和无组织的个体集合，无组织的个体集合就像一盘沙子，个体和个体之间的关系不存在或者可以忽略不计，整体的功能可被视为个体之和；而有组织的个体集合，是指将个体的简单功能通过某种规则进行耦合，进而构成高级的、复杂的系统，就像人体的细胞构成组织，组织构成器官，器官组成整体，这种耦合使得整体组织具有内稳态特性，但也正是这种耦合构成了老化的原因。

就实践而言，市值管理背景下组织体系的老化有人的原因，有认知老化的原因（社会在发展进步，企业管理却没有与时俱进），也有新的外部社会力量对其造成冲击的原因，等等。就像当人体血液不再流动，细胞就没有新的养分用来促成分裂和新的发展，如果一个组织内的人员长期不流动，这个组织就会僵化、老化。市值管理是由人来执行的，因此解决老化问题的一种方案就是人员流动或定期轮岗，并为每一次轮岗设定新的目标，不断解决组织进化中遇到的新问题，如此，组织就会不断调整其目的性并形成新的内稳态，从而不断向前发展。一个以市值管理为目标的组织一旦老化，其内部平衡就会被打破，从而变得不稳定，再加上外部的影响，很可能会造成价值的断崖式下跌。要想扭转这种不利的趋势，回到正途，则要付出比原来维持成本高得多的代价，这就是今天很多上市公司积重难返的原因——价值螺旋式下滑，直至面临退市风险。美国、日本等国家有很多百年企业，它们正是因为解决了组织老化问题，才得以延续这么多年。实际上，职业经理人制度是保障这些企业长盛不衰的重要机制，在某种程度上，中国的国有企业从诞生之日起就具备这种机制，因而在市值管理方面具有天然且巨大的优势，无论是在组织保障还是资源的获取能力上，都十分具有竞争力。如果能够解决职业经理人的激励和约束问题，我们将走得更远。

1.1.4　社会跨度

市值管理的整体过程包括社会跨度和时间跨度，必须综合考虑这两个维度，才能构建一个完整的市值管理体系（图 1.4）。市值管理考虑的是企业经营的过程管理，不是一个点的问题，而是一个时间线的问题。在每个时间点上都有相应的、能够与之发生联系的社会关系，这就构成了市值管理的社会跨度。

社会跨度不但包括企业与外部的关系，实际上也包括企业内部的跨度，这种跨度在某个特定的时点有其特定的内涵，但是这种内涵会随着时间而变化。在特定的时点上，不同的要素之间存在某种机制上的联系，因此在解决特定要素问题的时候，需要考虑对其他要素的影响。市值管理是一个系统工程，既然是系统，就要考虑内外部信息交换的问题。每一种跟上市公司有关的外部关系和上市公

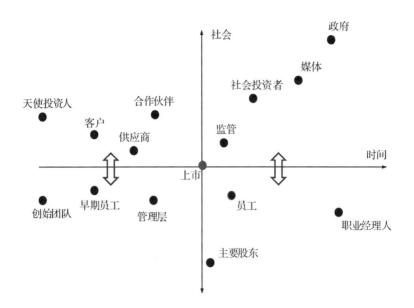

图 1.4　市值管理的社会跨度和时间跨度

司之间的信息交换方式都有所不同，但任何一种交换方式都不能对
其他交换方式产生负面影响。比如，上市公司和媒体的交流方式不
能损害上市公司和监管的交流方式，因为监管对上市公司信息披露
的及时性、完整性、客观性等方面有严格要求，对内幕信息的流转
也有严格限制。再比如，上市公司在投资者关系管理方面不能有损
公平，因此就必须"打明牌""用阳谋"。如图 1.5 所示，在每一个
时点，内外部要素的信息交换都需要处在一种平衡状态，保证每个
要素之间的信息交换不能给其他方面带来负面影响。这一点对上市
公司的要求是：需要仔细思考公司和每一个外部要素的信息交换方
式，拿捏好"度"。这就是市值管理的"道"，只有在"道"的框架
下开展工作，才能把握好每一种"术"的使用。

图 1.5　市值管理的内外部信息交换示意图

1.1.5　时间跨度

再来谈时间跨度的问题。每个特定时点的社会要素都会随着时间发生变化，而时间跨度对市值管理的影响体现在市值管理活动影响的滞后性。有些企业当下所做的事情看似能够解决眼前的问题，但实际上可能恰恰为企业的日后发展埋下了隐患。为了解决这些后续问题，企业往往需要调动更多的资源，花费更多的精力，在"排雷"的道路上越走越远，十个锅九个盖，最后导致崩盘。比较典型的案例是保底定增，企业为了融资，向投资者做出过多承诺，导致原本的股权融资演变成债权融资。在定增解禁后，企业为了完成承诺，需要采取更多措施促使股价上涨，或者用其他方式来补偿投资者。再比如，在兼并收购几年后往往会出现大量商誉减值的现象，这就是条件不成熟的企业强行并购遗留下来的问题，在 2015 至 2018 年期间，这种案例非常多。企业应该以年为跨度考虑自身要做的事情，提前评估其影响并制定应对策略，不能抱着"车到山前必有路"的思想，走一步看一步。

很多关于市值管理的著述都曾提到一个观点，即市值管理不等于股价管理，本书自然也绕不开这个话题。从因果关系来看，市值管理是因，股价管理是果，如果从股价管理入手，就是本末倒置，其最终结果要么是触碰内幕交易和操纵股价的监管红线，要么就是导致市场因脱离基本面而对公司抱有过高的预期，从而为基本面的塑造带来压力，使企业无法通过金融工具进行股权激励或并购，金融服务实体也就无从谈起。从哲学的角度看，内因决定外因，但人们往往关注股价甚于企业的内在价值，这是因为股价是显性的结果，而塑造企业内在价值是一个长期的过程。

现在一谈企业经营，人们往往会提及长期主义，主张慢就是快，强调"日拱一卒，功不唐捐"，等等。长期主义确实对企业经营和资本运作极为重要，管理股价追求的是短钱、快钱、小钱，经营企业内在价值则更看重长钱、慢钱、大钱。中国传统文化里也有一种观念，认为短期内获取大量财富不是好事。所以，企业在踏上资本化道路的那一刻起，就要明确：既然要走产融结合的道路，就必须坚持长期主义。这跟东西方的社会制度无关，任何一种社会都会倾向于支持并奖励那些给社会创造价值的企业，而非从事财富转移活动的企业。就初心而言，经营企业的初心坚定与否，决定了其能否走长期主义路线，有些企业的初心是好的，但走着走着就偏了，然后就慢慢被淘汰了。当然，长期主义不一定能保证企业必定成功，因为企业还会面临战略上不确定因素的风险，且全球股市的财富增量也是由少数大公司贡献的，但这正是市值管理的魅力所在，是经营企业的魅力所在，是生活，也是人生。

长期主义并不是熬时间，也不是在长期等待中什么也不做，而是要制定长期规划，并严格执行战略的每一步计划。作为长期在资本市场从业的机构投资者，我们观察一个企业是走长期主义路线还是仅进行短期调整，往往基于以下两个方面。一是通过分析上市公司的公告内容，就能够看出企业行为是否是具有战略性。这其中有一些平时不太容易被注意到的点，比如上市公司的内控建设是否在持续进行，公司治理是否具有前瞻性，对市场信息的释放是否是有节奏的、合理的，等等。二是通过对上市公司展开调研，感受企业在经营上的精神面貌，留意企业的主要管理者是关注产业还是关注资本。当然，不同阶段的企业关注点会有所不同，并不是说企业管理者不关注资本就是好事，这里的判断依据更多来源于经验而非教条。

美国的投资者就企业的长期主义问题发表过一些比较精辟的论断。本杰明·格雷厄姆（Benjamin Graham）认为资本市场短期来看是投票器，长期来看是称重机；巴菲特（Warren E. Buffett）指出，人生就像滚雪球，最重要的是要找到很湿的雪和很长的坡，等等。巴菲特的办公桌上没有股票行情系统，他的关注重心在于企业内在价值和经营模式等方面。国内的知名投资者如段永平，他的经典投资案例包括苹果、网易等，其投资决策也是对长期主义投资哲学的深刻注解。总而言之，投资者的长期主义和企业家的长期主义是一致的，是辩证统一的，借助投资市场反观企业经营，可以得出一样的结论。然而，股价虽然不应该是企业家首要关注的要素，它只是企业经营的一个结果，但却是最受投资者关心的。投资者作为企业的"合作伙伴"，也是企业家必须关注的群体，毕竟在现代企业运营机制下，资本是重要的生产要素。

1.1.6　从事物的反面来考虑

如果从正向角度来看市值管理，需要考虑的因素可能十分复杂，所以，可以先从反方向考虑问题，即思考谁更有可能在市值管理过程中受损。在过去，上市公司可能会更多地考虑谁受益的问题，而在市值管理框架下，要更多地考虑谁受损，因为受损方可能是导致公司市值管理失败的重要因素。"你的市值管理伤害了谁?"这个视角很有意思。市值管理的目标是解决可持续经营的问题，既然要实现可持续经营，就要扫除经营中的障碍，尤其是资本经营的障碍。通常而言，在上市公司、投资者、公司员工、公司股东、政府等参与主体中，如果有一方在市值管理中受损，即使一开始损失并不严重，但经过长期的矛盾积累，最终也会演变成制约公司发展的主要矛盾，所以在市值管理过程中必须考虑各个方面利益的平衡。

当前，监管部门大力提倡发展耐心资本，而发展耐心资本的一个先决条件就是上市公司的发展能够吸引耐心资本。资本有没有耐心，在很大程度上是由上市公司决定的，上市公司是因，资本是果。资本是敏感的，但凡存在不利于公司发展的因素，都会吓退一批资本，所以公司应该在发展过程中就必须注意解决潜在的矛盾冲突点，平衡和稳定各方预期。企业一旦发展得过快，就会有某些方面跟不上整体节奏，如果未能及时地调整并适应，最终就有可能酿成灾难，历史上不乏因发展过快而失败的企业案例。所以，市值管理在某种程度上应该追求让各方主体适应公司的最小发展速度，这是"慢就是快"的最佳实践证明。

本书前言列举了一些常见的失败的市值管理所遇到的问题，从中不难发现，市值管理必须是一种"阳谋"而不是"阴谋"，任何在桌子底下的不合规操作最终都会被某种规则制约，进而影响市值管理的持续发展，因此，不能抱有侥幸心理。既然市值管理是一种阳谋，那么出牌的顺序就非常重要，上市公司的增持减持、送配、分红、并购、再融资等都是上市公司手里的牌，什么时候打什么牌都是有依据和道理的，不能随便出牌，否则容易陷入被动。外部环境是客观的，是不能改变的，只有顺应外部环境来制定内部决策的顺序，才有可能实现良性的市值管理。过去常见的问题就是上市公司的市值管理只关注自身情况而忽略大环境，或者对大环境的理解过于片面，对系统性风险认识不足，最终引发灾难性后果。

1.2 原则二：市值管理第一目标是不败

通常来说，市值管理的目标是股东价值最大化，但企业的不败才是市值管理的第一目标。很多市值管理的失败案例都是由开展市值管理造成的，也即失败是由其本身造成的。

很多企业在上市前经营状况良好，但在上市后，随着市值和现金的增加，企业开始加速扩张，这往往是其失败的开始。《孙子兵法》里"不可胜在己，可胜在敌"的思想非常适用于市值管理，也就是说，市值管理需要考虑的首要问题应该是怎样使企业经营不失败，只有先立于不败之地，才能再考虑怎样扩张。而很多情况下，有些企业往往只考虑进攻而忽略了防守，本末倒置。

> 《孙子兵法》曰："不可胜在己，可胜在敌。"意思是：自己能不能被打败，取决于自己有没有暴露弱点给敌人；敌人能不能被打败，取决于敌人有没有向你露出破绽。

但是光立于不败之地也是不行的，企业经营犹如逆水行舟，不进则退，不发展就会倒闭，所以企业应当追求长久的发展。前文曾提到企业应该追求最小发展速度，即能够满足生存条件的、最小但足够的发展速度，不能盲目、激进地扩张，如此才能实现长久的可持续发展。这样做的另外一个好处就是稳定团队、股东及社会各方对企业的预期，好的市值管理就是在这种土壤里酝酿出来的。最小发展速度的一个标准是经营性净现金流为正，否则公司可能无法维持经营。

危机管理是市值管理中不败思想的重要体现，它关注的是如何避免危机的出现，以及在危机出现后应该采取怎样的行为策略。要想做好危机管理，就要先研究危机是如何产生的，以及在事前、事中、事后应该如何管理。如果危机不可避免，那么职业经理人和家族企业的处理方式也可能会截然不同，这就涉及短期利益和长期利益取舍的问题。如果要求职业经理人为企业的长期利益考虑，就需要在激励方案中加大长期激励的比重，但即便如此，鉴于未来长期结果的不确定性，职业经理人仍有可能放弃长期激励从而推动企业行为短期化。在危机管理中，最大的陷阱是为了解决危机而制造了更大的潜在危机，这种情况说明企业实际上并没有完全解决这次危机。因此，危机处理结果的优劣需要从企业长远发展的角度评估。虽然管理不能大于经营，经营和生存是第一位的，管理是第二位的，市值管理中的很多规则、方法、组织管理原则等，在极端情况下都会让位于生存，但是在处理极端情况时，仍应尽可能地考虑后续影响，把损害降到最低。

　　经营不败的另一个方面的考量是经营的稳定性。企业经营犹如在大海中行船，行稳才能致远，生存是最低要求。市值管理追求的也是尽可能地保持经营稳定，以此为基础才能不断复制经验并扩大规模。但不同行业的特性不同，要具体问题具体分析，不能机械地套用公式。如图 1.6 所示，以酒类公司和航空公司为例，观察其在 2004—2023 年间年利润的变动情况，不难发现不同行业的企业之间波动特征的变化情况是不一样的，而同一行业内部的不同企业经营稳定性的差别也比较大。对投资者来说，他们总是希望能够找到经营稳定且能够持续增长的公司，所以企业在实施市值管理的过程中，需要尽可能地降低企业经营的波动性，这就要求企业在内部开展压力测试，以此评估造成经营波动的各种因素，并对其进行管控。经营越稳定的公司，在估值上越容易获取溢价。对国有企业而言，经营不稳定不但会导致政府税收不可预测，也会阻碍产业上下游资金链的流转，进而影响社会的稳定性。

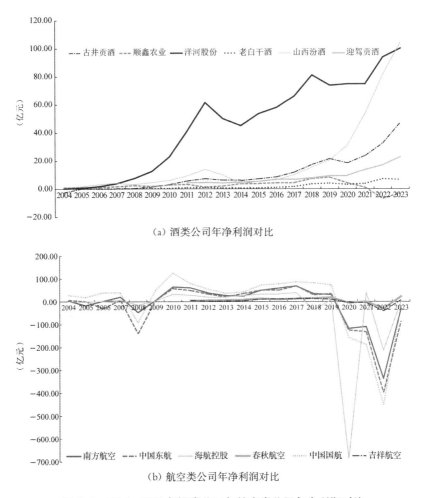

（a）酒类公司年净利润对比

（b）航空类公司年净利润对比

图 1.6　2004—2023 年酒类公司与航空类公司年净利润对比

数据来源：Wind 资讯。

1.2.1　企业经营所面临的风险种类

认识企业经营所面临的各种风险，有助于在市值管理中考察企业的薄弱环节，实现未雨绸缪。企业经营风险一般缘于企业内部生产经营情况的波动，或者外部市场环境中诸如地缘政治、宏观经济等因素的变化，这些变动会导致企业未来的筹资和经营现金流发生变化，从而影响企业的市场价值。企业所面临的各种风险会导致未来收益减少或成本增加，这是企业内在价值变化的主要原因，反映到资本市场上，表现为市场估值的相应变化。企业经营所面临的风险大致包括以下几种类型。

（1）纯粹风险与投机风险

纯粹风险。这种风险导致的结果只有两种，遭受损失或没有损失。纯粹风险并不产生盈利。例如，企业运营中货物运输的风险、公司财产风险，以及员工在工作过程中的安全风险等。

投机风险。与纯粹风险不同，投资风险的结果除了亏损和保本外，还存在盈利的可能性。投机风险包括原材料价格风险、投资证券风险、品牌营销风险、交易外汇风险等，在一些特殊行业如影视和游戏类行业里，还存在项目的投机风险等。

（2）自然风险与人为风险

自然风险。由自然力量所造成的风险，如地震、海啸、恶劣天气、天体物理事件等。

人为风险。由经济或社会的变动所致，如战争、地缘政治、税制改革、文化冲突、能源危机等。

（3）内部风险、外部风险、社会风险与经济风险

内部风险。由企业内部运作管理、人力资源和经营战略等所导致的风险，包括技术风险、董事会委员控制风险、内部控制风险等。技术风险是指由企业科研开发能力不足或技术缺陷引发的社会问题所导致的风险；董事会委员控制风险是指由不合理的董事会决

策、董事会分歧等因素所导致的风险；内部控制风险是指由于企业内部管理体制问题所导致的风险。

外部风险。由外部环境因素所引发的风险，包括竞争风险、政策风险和市场风险等。其中，政策风险是由经营所在地的政策变化所引发的风险，在地缘冲突加剧的背景下，贸易保护政策是企业面临的重要政策风险；市场风险是指由市场交易中不可预料的活动所引发的风险；竞争风险是指竞争对手所带来的不利影响，还包括反垄断的风险等。

社会风险。企业与政府监管、社会责任、社会环境、公众形象和社会价值观变化等因素所产生的风险，大体上属于 ESG（环境、社会责任、治理）的范畴。

经济风险。企业经营面临的经济风险主要由市场波动、金融风险、汇率变化等因素引起，这些因素可能导致企业业绩下滑，引发资金流动性问题等。其中，市场波动是指由市场供需关系、消费者需求变化等因素所导致的价格和销量的不稳定，可能会使企业面临产品滞销、价格波动大等问题，影响企业的盈利能力和现金流；金融风险包括利率变动、信贷市场波动等，这些因素可能导致企业的融资成本上升，影响企业的资金运作和投资决策；汇率变化会影响企业的进出口业务，特别是对于跨国经营的企业来说，汇率波动可能导致成本上升或收入减少，影响企业的财务状况和盈利能力。

企业在经营过程中要同时应对上述风险，情况非常复杂。自1978 年改革开放以来，中国经济开始进入一个增长周期，与世界经济周期共振，获得了长足的发展。在增量经济环境中，企业试错成本低，即便采用粗放式经营模式，也能取得不菲的成绩。但经济周期不可能一直上行，自 2016 年以后，我国经济开始面临世界经济周期的下行和波动（实际上从 2008 年就已经初见端倪），冲突和竞争加剧，经济进入存量竞争时代，企业面临的经营风险骤然增加（关于增量与存量如何影响投资的问题，本书将在后文论述），因此，在经营决策方面，企业需要考虑的因素比以往要复杂得多。在防守端，企业首先要完成压力测试，找到薄弱环节，然后对其进行加强，在最大程度上避免经营环境的变化导致企业一蹶不振。在进攻端，其一，企业仍需保持增长态势，要考虑多元化投资，分散投资风险，减少对单一市场、单一客户群体的依赖；其二，企业要在经营过程中建立动态风险评估机制，开发风险管理系统，定期评估和监控市场及金融风险，根据市场变化及时调整经营策略，保持企业的灵活性和适应性，同时，要始终准备好方案 B，以应对突然的变化；其三，要加强内部控制，建立健全财务管理和内部控制机制，确保资金的安全和有效使用，减少内耗，例如，跨国企业可以通过建立国际合作和签订相关协议来规避汇率风险。

企业的风险管理机制一般被认为仅适用于金融机构，但实际上，对风险暴露较多的实体企业来说，风险管理尤为重要。然而，企业建立一套风险管理系统并不容易，虽然企业经营过程中的很多财务指标是可以量化和监控的，但针对非量化指标该如何评估，可能就需要借助"外脑"了。

1.3 原则三：市值管理原理具有普适性

原则一重点阐述了市值管理内部建设的问题，即应通过加强内部建设来应对外部环境变化，进而影响外部环境对企业组织的看法，这在本质上也符合内因决定外因的哲学思想。同时，由于企业价值的增长原理具有普遍性，因此市值管理的原理可以被普遍应用于各种价值增长的环境中。市值管理原理的普适性主要表现在以下两个方面。

第一，市值管理适用于不同行业中处于不同发展阶段的企业，不但适用于从 1 到 10 阶段的企业，同样也适用于从 0 到 1 阶段的企业；不但适用于上市公司，也适用于非上市公司；不但适用于在主板、创业板、科创板上市的公司，同样也适用于"新三板"和北交所的公司。市值管理是一种思想方法，不同阶段的企业市值管理的初始状态会有所不同，但都可以被纳入市值管理的思考框架。

第二，市值管理不但适用于单独的个体，也适用于个体的组合，比如集团。市值管理可以分为多个级别、多个层次，集团公司应该针对不同子公司的不同业务分别实施不同的市值管理策略。不同子公司的市值管理策略也可以组合为整体的市值管理策略，但这并不是子公司市值管理策略的简单相加。

站在"一把手"的角度来看，市值管理是企业的整体目标，但目标应该怎么分解，对不同结构的企业来说略有区别。如果企业没有子公司，只有企业本身一个法人主体，那么市值管理的目标分解就可以按一般企业的激励考核目标来进行；但对企业集团来说，市值管理的过程往往并非局限于简单的目标分解。按照通常理解，市值管理的目标分解可以层层传递下去，每一层都有特定目标，最后将它们汇总起来，即可得到总体目标。然而，企业集团市值管理首先要考虑的是资本配置效率的问题，换句话说，某个子公司或者业务板块是不是必须做，是否有竞争力去做，是否有发展空间去做，这些才是目标分解之前要考虑的问题。举例来说，一个企业集团下属有 A、B、C、D 四大业务板块，在正常情况下，企业集团的市值管理目标是这四个板块的市值管理目标之和，但 D 板块的资本回报率和 ROE（净资产收益率）等指标远低于其他几个板块。出于股东价值最大化的考虑，该企业集团应该卖掉 D 板块，专注于其他板块的经营，即有所为有所不为。但企业出于战略考虑，需要保留 D 板块，那么，为了不使 D 板块拖累总体经营效率，可以研究该板块能否通过改善规模经济或者范围经济来提升运营效率。

在这一方面，中国建材集团有限公司（后文简称"中国建材"）的水泥业务是一个很好的案例。在过去，中国的水泥行业存在全行业散、乱，主体多且竞争激烈的特点，价格战频繁，导致全行业亏损。后来，中国建材出面整合水泥行业，实行混合所有制改革，既保留了市场主体的主观能动性，又改变了行业恶性竞争的局面，最终使得行业盈利情况得到大幅改善。

国有企业集团在进行市值管理的过程中，出于资本经营效率考虑，可能需要卖掉或整合很多板块，但国有企业集团承担了民生、安全、保障的功能，不得不保留这类业务，在这种情况下，做市值管理就要考虑提升这个业务板块内部的经营效率。前面也曾提到，要想提升经营效率，主要有两种途径：一是通过改善规模经济，二是通过改善范围经济。原来我国的市场环境存在一定的地方保护主义倾向，各地对税收、财政和一系列业绩的追求，可能会引发全国市场条块分割、各地企业散而乱等问题。但在当前，国家提出建设全国统一大市场的战略，这有利于原来受地方保护的产业通过整合来提升经营效率，在制度上为国有企业经营效率的提升打开了空间。美国的企业集团在做市值管理的时候，基本会首先考虑资本配置效率的问题。以美国的通用电气公司（GE）为例，杰克·韦尔奇（Jack Welch）在掌管公司以后，定下了一个战略，即砍掉在行业内排名第二以外的业务，换句话说，一个业务如果在业内做不到第一或第二，就会被卖掉。由此，通用电气集中资源强化了其优势业务，提高了定价和内部经营效率，从而摆脱了当时经营低效的局面。综上所述，当一个企业集团内业务繁杂，而这些业务又在本行业内不具备领先优势时，如果针对每一个业务来做市值管理，势必会造成资源的浪费，而且会在短期内降低效率。因此，企业集团在做市值管理时，首先要考虑的是一项业务是否有保留的必要，如果答案是肯定的，就要想办法提升其经营效率。

沿着上述思路，接下来谈谈分拆上市的问题。企业分拆可以是主动分拆也可以是被动分拆，一般来说，企业主动分拆是为了提升经营效率，而被动分拆则是出于反垄断等方面的需要。分拆上市最直接的优势是使得该业务板块获得独立面对资本的机会，并增强其融资能力，让该业务板块的团队能够拿到市场上最好的激励机制，进一步增强其可持续经营能力，最大化企业集团资产总值，这不失为企业集团最优化市值管理的好办法。这方面最典型的案例就是华润集团，它旗下的医药、电力、燃气、地产等诸多板块都分别上市，从集团的角度来讲，只要实现并表，相对控股即可撬动社会资本杠杆来对企业资本运营进行补充，对此有兴趣的读者可以阅读本书第7章关于华润集团的案例分析，以做进一步了解。这对国有资本运营公司来说非常有借鉴意义，类似的案例还有中信集团、招商局集团、保利集团等。实际上，地方国企集团也可以采取类似的操作，但产业定位要准确，这样才有资本化的意义。每个业务板块单独上市不一定只能通过 IPO，也可以通过并购等方式注入上市公司。资本化的手段多种多样，这也意味着各个业务板块在独立经营资本品牌方面既有挑战也有机会。在上市前和上市后，企业的资本品牌经营分属不同的管理层级。一旦上市，按照监管要求，相应的业务板块需要配备独立的资本经营团队（不同于集团层面的资本经营团队）以面对市场。

1.4　原则四：市值管理需要符合客观规律

市值管理需要符合客观规律，这是一个基本原则。那么，在资本市场坐庄的人为什么会失败？2004 年新疆德隆的教训仍历历在目。当年的德隆集团如日中天，资金实力雄厚，是"产业 + 金融"的模式的先驱，也是合金投资、湘火炬、新疆屯河三家上市公司的实际控制人，但最后仍然逃脱不了失败的命运，核心原因仍然是违背了资本市场运行和市值管理的规律。虽然人人都知道要按事物的发展规律办事，但在实业和其他领域取得成功的人，在进入资本市场后往往会忽视资本的规律。这一点也不奇怪，因为资本市场本来就是由人的活动构成的，所以在局部范围内，人的主观能动性是能够对股价、信息等要素起到干预作用的，人们正是容易被这种短期的有效干预蒙蔽双眼，认为人定胜天。正如原则一所述，市值管理必须进行跨社会要素和跨时间周期的整体考虑。影响市场的因素是复杂多样的，人类能够长期干预的因素是有限的，如果违背市场发展规律，就会带来深刻的教训。对市场来说，国家力量是整个市场里资源最丰富的调控力量，但国家力量依然必须遵循市场发展规律，只能对某些因素进行干预，然后因势利导、顺势而为。

在任何市场中，人为干预能力的强弱取决于市场规模的大小，当市场规模较小时，对市场产生影响力所动用的资源规模不大；但当市场大到一定程度时，没有任何一个单一力量能够形成绝对优势以掌控市场，影响市场运行趋势要靠参与者群体的力量，因此，市场规模决定了其运行的机理。中国的金融市场开放进程也与其规模高度相关，在2001年进入WTO以后，我国的金融市场并没有马上放开，而是秉持循序渐进的开放原则，从最初有额度限制的QFII机制，到没有额度限制的完全放开，在这期间中国的资本市场在规模上发生了质的变化。图1.7展示了中国金融市场开放进程与股票市场规模和债券市场建设之间的关系。

在没有任何一个单一力量能够左右市场并形成绝对优势时，就要深入剖析影响其运行的因素，这里面存在一个定价权的问题。当参与者的群体行为趋于一致时，市场会形成某种趋势；当参与者的群体行为不一致时，市场就不会形成趋势。而影响群体行为趋于一致的力量来自共识，谁能影响共识，谁就拥有定价权。定价权会在宏观、中观和微观层面依次得到展现：国家通过主导利率这种关键资金要素价格来体现其在宏观层面的定价权；行业主管部门、行业协会以及龙头公司会影响中观层面的行业定价权；而证券分析师等角色会对股票市场的微观定价权产生影响，例如，权威的

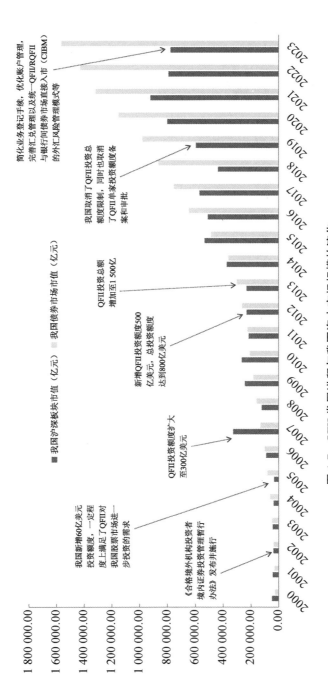

图 1.7 QFII 发展进程与我国资本市场规模的演化

数据来源：政府文件《合格境外机构投资者境内证券投资管理暂行办法》（2002 年 11 月），Wind 资讯。

证券分析师会影响股票价格走势。而上市公司与证券分析师之间的关系属于投资者关系管理的一部分。这就体现了投资者关系如此重要的原因，因为涉及企业在金融市场的定价问题，其重要性不可不察。

市值管理要符合哪些客观规律呢？我们总结认为，至少要遵循四个规律，即宏观经济规律、产业发展规律、公司治理规律以及ESG的规律，本书将在第3章对上述规律依次展开详细论述。

1.5 原则五：商业模式决定市值管理路径

不同行业、不同性质、不同商业模式的企业，市值管理的方法会有所不同。市值管理本身也蕴含着适应周期变化的方法论，让周期性行业的企业也可以行稳致远。

市值管理注重企业内在价值的长期提升。在进行更深入的分析之前，我们需要首先对提升企业内在价值的两种路径（即运营效率和结构效率）进行剖析。企业既可以通过提升运营效率来提升内在价值，也可以通过提升结构效率来提升整体价值。提升运营效率主要是为了增强企业的内生性增长潜力，主要采用降低企业管理成本、提高流程效率以及改变激励结构等手段，这些都是改变内因的常用方式，也是最重要的几种方式。提升结构效率可以理解为通过并购或组建新的业务部门来开辟新的收入来源，通过多业务、多领域协同来提高企业的综合经营效率，企业间或产业上下游的并购重组就属于此种方式，在中国的资本市场中，这种方式广为人知。那么，运营效率和结构效率之间的关系是怎样的呢？如图 1.8 所示，运营效率可以脱离结构效率单独存在，而结构效率不能脱离运营效率单独存在，但结构效率会使运营效率倍增。一个企业可以通过改进运营效率来提升企业的内在价值，虽然这种提升相对缓慢，一般体现为每年 10%—30% 的内在价值增长率，但经过长期积累，效果也是非常可观的，衡量这种效率的常用指标是 ROE。结构效率可以在短期内成倍提升企业的内在价值，其常用的衡量指标就是资产规模。但如果企业只注重结构效率而忽视运营效率的提升，所产生的后果往往是亏损的业务单元会吞噬相当多的企业利润，从而长久地伤害企业盈利单元的积极性，最终使企业走向衰败，这样的例子有很多。总而言之，运营效率与结构效率相辅相成，例如，通用电气的前总裁杰克·韦尔奇曾经把市场排名前三以外的业务单元统统砍掉，只保留有竞争力的业务，从而大大改善了企业的结构效率；丹纳赫则通过并购提升其结构效率，并在总公司层面灵活调度资金，使运营效率得到大幅提升，从而实现了企业内在价值的长期复利增长。

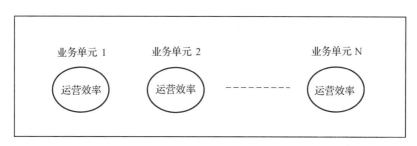

图 1.8　运营效率和结构效率的关系

　　如图 1.9 所示，企业内在价值的增长在不同的效率提升方式下会呈现不同的估值走势（也可以理解为股价走势）。企业在提升内在价值的过程中，主导因素是运营效率还是结构效率，会对市值提升的效果产生不同影响，一般来说，提升运营效率的风险相对较小，因为企业在熟悉的领域进行改善和提升，能够保持连贯性，对团队和市场预期的管理比较容易，但缺点是增长效率较低；结构效率可以使企业价值在短期内成倍增长，但任何事情都有两面性，快速获得结果的代价就是承担的风险比较大，提升结构效率对企业来说往往意味着需要新增业务模块和团队，如果采取并购方式，就会

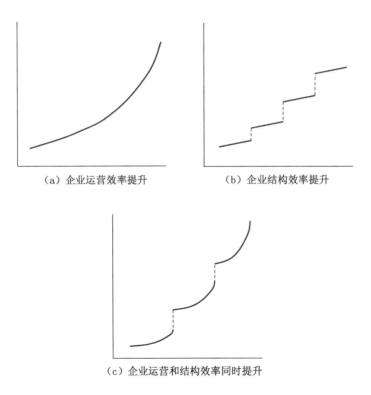

（a）企业运营效率提升　　　　　　（b）企业结构效率提升

（c）企业运营和结构效率同时提升

图 1.9　不同效率提升方式对应的估值走势

涉及一些复杂的因素，如协同的风险、企业文化的风险、创始团队的道德风险等，这是一种试错的行为，因此结构效率的提升需要时间去验证。成功的企业一般会将二者结合，以提升运营效率为主，以提升结构效率为辅，把提升结构效率的成本控制在一定范围内，采取边缘式发展措施，同时提升原有业务的运营效率来补偿可能产生的试错成本。如果一个企业完全由结构效率主导内在价值的提升，往往容易陷入危险，但也不乏成功案例，美国芯片公司博通（Broadcom）就是一个典型例子，本书将在第 7 章对其进行详细介绍。

企业开展市值管理工作，究竟应该选择提升运营效率还是结构效率，这与企业的商业模式有直接关系。我们可以把企业的商业模式分为现金流型和非现金流型两种类型，主要区分标准实际上是企业和社会达成交易的成本。企业和社会达成交易的周期越短，则交易成本越低，现金流状况就越好，越适合通过提升运营效率来实现增长；反之，企业和社会达成交易的周期越长，成本则越高，现金流状况就越差，比如工程建筑类型的企业就不适合依靠提升运营效率来实现增长，而是应该提升结构效率，因为运营效率并非其主要矛盾。

在所有行业类型中，最难开展市值管理的应该是强周期性行业。我们试图通过对比国内外市场以寻找强周期行业中利润和市值能够持续稳定增长的公司，可惜一直没有找到符合要求的案例。这说明在强周期行业里，企业极难做到稳定增长，因为这些行业对宏观环境非常敏感，宏观上一个很小的变量就可能引发行业的大幅波动。即便如此，我们还是把强周期性行业纳入市值管理的研究范畴，以期找到可能适用于强周期性行业的市值管理方法。为此，我们选取一些行业的国内外公司来做对比分析，以说明这一问题。

如图 1.10—图 1.13 所示，我们对比了强周期行业领域内具有代

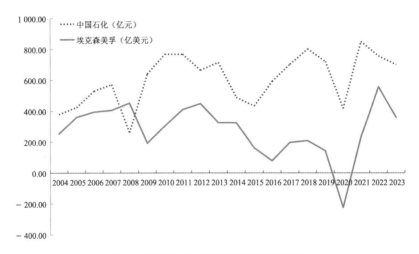

（a）中国石化与埃克森美孚销售净利润对比

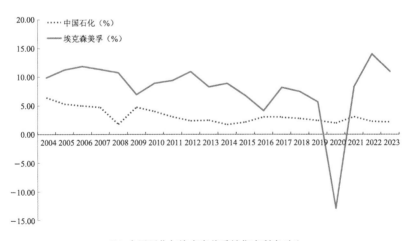

（b）中国石化与埃克森美孚销售净利率对比

图 1.10　2004—2023 年国内外石化公司销售净利润与净利率对比

数据来源：Wind 资讯。

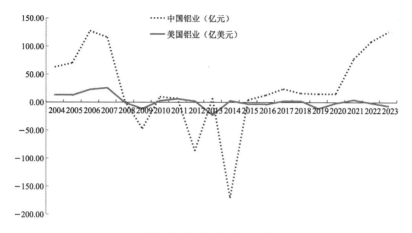

（a）中国铝业与美国铝业销售净利润对比

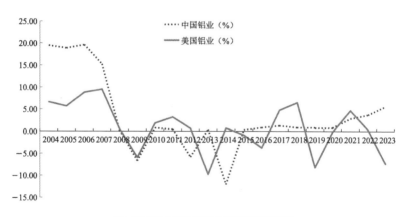

（b）中国铝业与美国铝业销售净利率对比

图 1.11　2004—2023 年国内外铝业公司销售净利润与净利率对比

数据来源：Wind 资讯。

表性的石油石化、有色金属、航空运输、远洋运输四种行业，得出如下结论。第一，与海外公司相比，中国公司在管理水平方面毫不逊色，在一般经济周期环境下的表现甚至更好。特别是在经营的波动性方面，中国公司的经营稳定性更好，销售净利率的表现尤其出

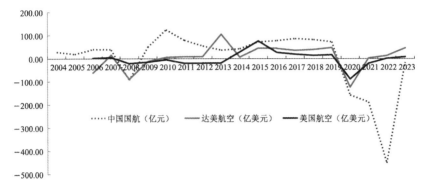

（a）中国国航、达美航空和美国航空销售净利润对比

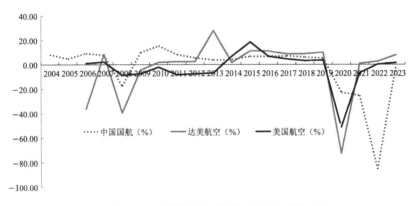

（b）中国国航、达美航空和美国航空销售净利率对比

图1.12　2004—2023年国内外航空公司销售净利润与净利率对比

数据来源：Wind资讯。

色。第二，无论是国内还是海外公司，只要身处强周期行业，都很难避免经营的波动性，但是不同公司的波动区间不一样。图1.10—图1.13中，海外公司销售净利润的单位是美元，如果将其换算成人民币，就会发现虽然同属强周期性行业，国内外企业却在不同的

（a）中远海控和马士基集团销售净利润对比

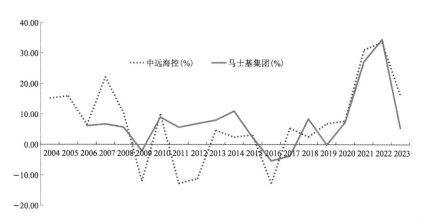

（b）中远海控和马士基集团销售净利率对比

图 1.13 2004—2023 年国内外航运公司销售净利润与净利率对比

数据来源：Wind 资讯。

水平上波动。从 2004 到 2023 年，近 20 年间美元兑人民币的汇率基本都在 1∶6—1∶8 之间波动。此外，海外一些周期性行业的企业规模比国内企业大很多，如图 1.14 所示，不同经营规模下的周期性企业，其波动情况也有所不同。由此不难发现，强周期性行业在提升经营效率方面改善空间有限，但是在结构效率改善方面可以大有作为。即便如此，企业仍需重视经营效率，因为周期的力量不可小觑，如果不重视周期性风险，企业会在下行周期出现巨大的亏损，所以企业不能完全暴露在周期性风险中而不加以防范。基础现金流可作为其安全边际的考量，同时，可以采用衍生品交易或贸易套利的方式来平抑其经营的波动性。但如果过于强调对波动性的控制，就会失去其行业的弹性特征。因此，强周期行业开展市值管理的重点在于结构效率的改善，如图 1.15 所示，只有不断扩大其经营的规模，使其在远超其安全边际的区间内波动，才能使企业立于不

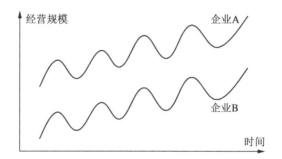

图 1.14　不同经营规模下周期性企业的波动情况

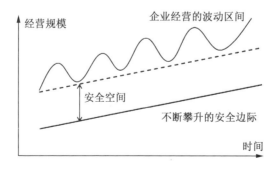

图 1.15　安全边际与波动区间

败之地。但知易行难，强周期性企业要想在结构效率改善方面大展拳脚，非常考验其对行业周期的判断和市场掌控力，因此，对决策的要求就非常高。

周期性行业中的企业在提升结构效率时，适合采用逆向经营的策略，即在行业高峰时期积累现金及等价物，在行业低谷时期进行扩张和引入人才，这个过程需要企业具备极大的定力和耐心，顺势而为。在行业高歌猛进的时候，企业容易受到各种环境因素的影响而偏离既定战略，尤其是在反周期经营过程中，形成共识的成本更高（此问题将在本书第 2 章详细论述），企业需要有充分的决策依据来推动共识的形成。近 20 年间，中国的企业在原油套保、航空燃油、外汇等领域均曾遭受巨大的损失，导致一些企业后续经营过程中偏保守，不敢轻易决策，这在很大程度上是因为决策依据的来源不够可靠。要想解决这个问题，企业需要建立可靠的信息渠道和智囊团队，并在长期的经营中持续打磨决策链。

第 2 章

关于市值管理
重要而隐蔽的问题

除五大原则之外，还有一些问题会影响市值管理的实施，如市值管理要做成什么样、什么是好的市值管理、市值管理的隐性成本、资本品牌与产品品牌的关系、人力资源与市值管理的关系、行业先发与后发的不同市值管理方式等，这些问题重要但又十分隐蔽。

2.1 什么是好的市值管理

市值管理是科学也是艺术。那么，什么是好的市值管理呢？市值管理到底有没有标准呢？本书探讨的所有问题，都在试图解答上述疑问和其中的一些细节。虽然每个行业和每个公司可能都有其独特的市值管理方案，但只要涉及资本，那么总体原则就要符合资本的特性。资本的特性有两个，一个是安全，一个是增值。有读者可能会问，资本增值不也代表着安全吗？这两个特性是不是重复了？实际上，安全与增值并不重复。安全是一种过程，在资本增值的过程中，信息是否透明，企业经营是否足够稳健，其中有多大的不确定性，这些都是十分关键的问题。理解这一点，我们就能明白信息披露的质量和策略的重要性。增值代表的是资本的结果，需要解释的是，增值的结果可能体现为两个方面，一个是企业营收与利润的增长，一个是企业品牌价值的增长，这两者最终都会反映在企业定价上。而市值管理就是安全与增值不断重复的过程，好的市值管理具备一些表象特征，总结这些特征有利于读者理解本书后续论述的内容。

第一，从股票市场的反应来看，股价呈现指数增长或者接近指数增长的特征。我们在第 1 章"原则一：市值管理是整体的哲学"（以下简称"原则一"）一节中曾经提到，实施市值管理的企业需要保持一定的增长率，如果这个增长率相对稳定，那么企业就会呈现一种指数级发展态势，对应地，股价也会有类似表现。但企业要做到常年保持一定的增长率并不容易，市值管理的核心要素基本上都是围绕这一目标展开的，投资者预期、产业特征、上市公司在产业中的定位和规模等因素基本上都是企业主动管理的结果。同时，有研究表明，市值管理做得好的公司，其股价波动率显著低于市场平均水平，在融资成本、并购等资本运作方面具有优势地位。

如图 2.1 所示，公司 A 是一家资源型国有企业，经过供给侧改革后，产销两旺，利润和收入都不断攀升，并且波动率水平显著低于市场指数水平，取得了理想的市值管理股价表现效果。公司 B 是一家消费品公司，其股价运行的前半部分走势比较健康，但在后半部分股价上涨出现停滞，这主要是因为其股价的自然增长受到了国内行业政策的影响，并且这种影响很难通过拓展多元化的市场去克服。公司 B 是一个增长受到外界因素限制的典型案例。

如图 2.2 所示，公司 C 是一家电子类民营企业，自上市以来，其总体市值在一个区间内波动，相应地，股价波动也较为剧烈。不难看出，其市值非常容易受到突发因素的扰动而剧烈波动，并且自上市以来市值没有出现持续增长的局面，这说明其并没有进入主动市值管理的状态。公司 D 和公司 B 的情况有一些类似，如图所示，

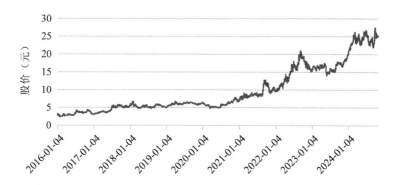

（a）公司 A 的市值管理结果表现

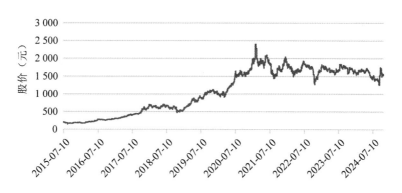

（b）公司 B 的市值管理表现

图 2.1　不同公司市值管理的结果 I

数据来源：Wind 资讯。

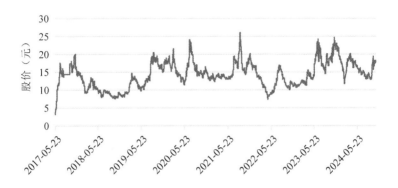

（a）公司 C 的市值管理表现

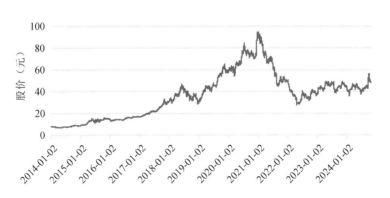

（b）公司 D 的市值管理表现

图 2.2　不同公司市值管理的结果 Ⅱ

数据来源：Wind 资讯。

其前半部分市值的波动性和成长性都比较良好，但后半部分的股价因受到行业政策调整的影响而大幅下跌，随后股价企稳。市场对其重新进行了定价，该公司目前正处于在新的环境下重新寻找增长路径的状态。

如图 2.3 所示，公司 E 是一家海外公司，该公司自上市以来一

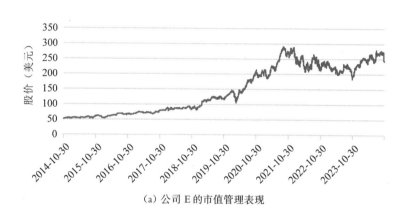

（a）公司 E 的市值管理表现

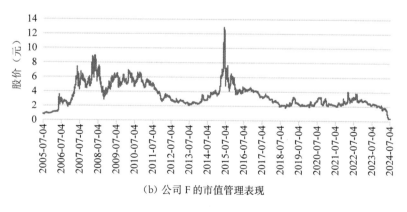

（b）公司 F 的市值管理表现

图 2.3 不同公司市值管理的结果Ⅲ

数据来源：Wind 资讯。

直处于主动实施市值管理的状态，同时致力于提升运营效率和结构效率，使股价呈现指数上升状态。在增长达到一定极限后，该公司的股价出现了上涨乏力的现象，在某种程度上已经结束高速发展期，步入了市值管理的瓶颈阶段。总体来看，该公司的市值管理是一种健康的、较为理想的状态。公司 F 是 A 股一家老牌民营上市公司，该公司自上市以后进行了多次高送配，股价也呈现出明显的阶段性行情特征，但其上市至今，市值却缩水不少。这说明该公司虽然有主动管理市值的意识，但是只考虑了局部市值管理，并没有考虑整体市值管理，所以股价呈现脉冲式特征。这种片面的市值管理几乎耗尽了公司可用的市值管理资源，导致公司后续经营举步维艰，直至最后退市。

如图 2.4 所示，公司 G 是一家国内的民营企业，由传统制造业转向互联网游戏产业，并且在 2—3 年内完成了多项并购，使公司

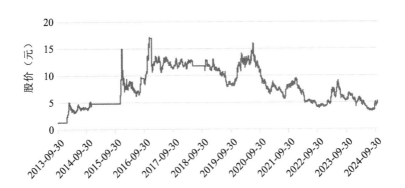

图 2.4　不同公司市值管理的结果Ⅳ（公司 G 的市值管理表现）

数据来源：Wind 资讯。

的收入及利润都有大幅的增长，但由于该公司在完成并购以后，并没有向市场释放新的预期，因此后续股价出现了随波逐流的疲态。这是一个在几年之内集中做市值管理的典型案例。因为做并购需要大量融资，所以主导并购方一直处于负债状态，并期望能够在解禁时通过套现来还债。然而，这种方式有一点硬做市值管理的意味，并没有长远的规划，而是走一步看一步，因此该公司目前手上可打的牌已经基本打完了。要想重拾市值管理，需要重新聚集资源，但由于股本、总市值已经进行多轮扩张，需要动用更多资源来为市值管理提供动力，难度相当大。

从上述七个案例不难看出，公司 A、B、E 都是相对成功的市值管理案例。企业发展到一定阶段后遇到瓶颈很正常，只是在解决问题、调整企业自身发展的过程中，学会管理投资者预期很重要。例如，公司 E 经过调整，使投资者重新认可公司价值，市值也回到了增长的轨道上来，但如果公司体量太大，其增长率势必会下降。

第二，投资者预期稳定，主要股东保持稳定。就字面意思而言，这一点很好理解，但这里想进一步阐述的是耐心资本和市值管理孰因孰果的问题。前文描述了资本的两个特性，安全和增值，由此不难看出，资本在安全和增值的领域之间不断流动，如果上市公司能做到这两点，资本流动的活跃度就会降低（这对实体经济来说不是好事情，但对上市公司个体的市值管理而言是好事情）。概括来说，资本因为安全和增值而不断流动，即资本流动是果，而安全与增值是因，所以上市公司做好市值管理，就能吸引耐心资本的进驻；反过来讲，如果市场上耐心资本较多，上市公司能够保持主要股东结构稳定，也能促进上市公司开展市值管理，二者是相辅相成的关系。上市公司在寻找耐心资本的过程中可以发挥主观能动性，这是投资者关系管理工作的一部分。但是要实现投资者预期稳定不是一件容易的事情，从上市公司的角度来看，投资者在投票前会对不同的上市公司进行比较，以最大程度保证自己的资金配置是最优选择。因此不但要稳定预期，还要让投资者认为这种预期值得投资。

第三，符合监管规定，只赚取阳光下的财富。不合规的市值管理要么会立即受到惩处，要么时隔多年后会因为各方利益不均衡或一些不可测因素被揭露并面临清算。对资本市场相关从业者来说，声誉与时间是最宝贵的财富，一旦在这方面有所损伤，企业将失去在阳光下赚取更多财富的机会，得不偿失。

第四，明确主要矛盾。能够识别当下市值管理中的主要矛盾，这是做好市值管理所需要的能力。每个企业在引入市值管理概念的时候，所处的发展阶段不同，不同发展水平也有所差别。在为市值管理做准备工作的时候，规模越大的企业需要付出的成本越多，代价越大。主要矛盾是消耗资源最多的那个矛盾，也是企业在继续前进过程中无法跨越、必须解决的矛盾，主要矛盾和次要矛盾在一定条件下是可以相互转化的。因此，识别主要矛盾，企业才能够确保准确投放相关资源并有效解决问题。

基于股价特征和各方参与者的行为表现，我们试图用一句话来总结什么是好的市值管理：能够持续进行正向预期管理的市值管理，就是好的市值管理。在正向预期管理下，企业要想保持成长，就要不断地向外获取资源，不管获取增长的方式是提升运营效率还是结构效率，企业对资源的渴求都是源源不断的。当一家企业成长

到和其他企业的生态位有所重叠的时候，就会产生竞争，且生态位
重叠越多，竞争就越激烈。在这种情况下，企业就需要制定战略，
规划使用各种资源，包括内部人力资源、业务资源、资金资源和信
用资源等。因此，市值管理是一盘棋，正如"原则一"所述，需要
在整体框架下进行思考。

另外，正向预期管理究竟要管理谁的预期，这个对象及其范畴
是需要重视的。在市值管理中，预期管理的对象一般是投资者，但
实际上，企业对员工以及对合作伙伴、政府、媒体等外部关系的预
期管理也同等重要，这些关系都属于能够对企业发展产生重要影响
或提供关键支撑的力量。员工预期管理决定着企业内部管理成本，
正如"原则一"所提到的，企业的内稳态至关重要，员工预期管理
的关键作用就是内因决定外因的体现；同时，外部关系的预期管理
也决定着品牌传播的效果以及外部交易的成本。

2.2 市值管理的隐性成本

在开展市值管理的过程中，企业是需要付出一部分成本的，但
这些成本的付出从长远来看都是值得的。市值管理最大的隐性成本
是共识的成本。只有相关利益共同体达成共识，市值管理才能真正
得到有效执行，而这个共同体的范围并不是越大越好。虽然市值管
理是"一把手"工程，但实际操作环节仍需要各方配合，因此需要
在主要的利益共同体之间形成共识。如图 2.5 所示，笔者把市值管

理利益共同体分为三个层次。

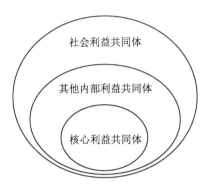

图 2.5 市值管理利益共同体

这是根据利益的大小和定位来划分的。核心利益共同体的主要特征是长期利益最大化，成员在市值管理的核心问题上价值观高度一致，最主要的代表群体就是董事会和核心股东。其他内部利益共同体一般是指核心员工和经销商等与企业利益密切相关的主体，他们的主要行为特点是中短期利益最大化。社会利益共同体主要是指政府、社会股东、媒体等其他相关利益方，它们最主要的行为特点是合作较为松散。在启动市值管理时，要对这三类共同体的定位有所区分，它们的利益体现方式不同，最重要的是从成立利益共同体到分道扬镳，其间各方所需承担的成本不一样。如果这个问题处理不好，企业会在某一阶段面临巨大的成本压力。

共识的形成是逐层、渐进展开的，公司的重大经营战略规划和经营计划都需要先在核心利益共同体内部形成，而对复杂的企业组织而言，这种共识的形成往往还需要外部智囊提供辅助。共识的形成分为三个步骤，即共识的提出、共识的论证和共识的达成。首先，共识的提出是一个相对敏感的话题，特别是对国有企业来说，党领导企业是基本原则，党的意志是提出企业发展共识的基础。在此基础上，企业的"一把手"往往是提出目标共识的主要角色，但整体基调是由组织确定的，因此两者之间不会出现大的偏差。然而，对民营企业和其他所有制企业来说，虽然目标共识的提出往往也是"一把手"工程，但一旦处理不好，就会影响企业团结。有很多企业的创始团队经过激烈的斗争后最终"分家"，最主要的原因就是在发展路线和目标方面存在分歧。因此对很多企业来说，目标共识的提出需要一些铺垫工作，如做好核心团队的预期管理，避免团队对此毫无心理准备。其次，共识的论证即验证共识的可行性。在经济一路向上的发展过程中，企业几乎做什么都能够赚到钱，试错成本较低；而一旦需要在复杂经济环境中做出决策，企业试错的代价会急剧攀升，就需要花费更多的成本来验证决策的可行性，这一点本书在第 3 章"公司治理"一节中还有详细论述。最后，经过共识的提出和论证这两个环节，共识达成的阻力就会小很多，但仍然需要通过集体开会制定决策，走正式程序，在核心团队内部正式形成共识，保障集体共识不会轻易地被某些因素干扰。在核心利益共同体中形成共识后，组织要评估核心利益共同体的利益分配水平，特别需要强调合规问题，在正式文件对外发布之前，不能在增持环节形成内幕交易。

在核心利益共同体中达成共识以后，企业还需要在其他内部利益共同体中达成共识，如果其中的反对力量过大，相应的措施也是无法实行的。在这个过程中，可能会有部分成员因不认同共识而选择离开，这是市值管理中难免会出现的问题。要想在这个层次的利益共同体中达成共识，需要以多种方式进行动员，特别是针对群体中影响力较大的力量，要进行重点动员。光借助动员形成共识还不够，还要通过股权激励等方式来解决利益分配的问题，在这个过程中，每个人都会评估成本和收益，这实际上也是一个投票的过程。而对社会利益共同体而言，合作形式可能是松散的，一般来说，如果上市公司有占总股本的 25% 或 10% 的流通股在市场上流通（对全流通的上市公司而言，这部分资源会更丰富），形成共识的社会利益共同体成员就会通过购买股票来为上市公司投票。

2.3　资本品牌与产品品牌的关系

市值管理在某种程度上等同于经营资本品牌。如图 2.6 所示，资本品牌与产品品牌有所不同，一个公司可以有很多产品品牌，但只能有一个资本品牌。资本品牌是在投资者群体中的品牌，它不是一个具体的物，而是一种态度、一种方式，一种对待投资者、资本的态度和方式。资本品牌和产品品牌之间会互相影响，但并不互相决定。一个企业的产品品牌力强，会对构筑资本品牌有帮助，但如果只有产品品牌力强，而对投资者不友好，也会影响资本品牌的建设。有没有企业产品品牌力弱但资本品牌力强呢？有的，这种情况往往发生在垄断性行业。反之，如果一个企业资本品牌力强，也会对构建产品品牌有很大帮助。很多企业是在上市以后，有了资本市场的背书，产品力才进一步增强的。资本品牌弱而产品力强的情况则比较普遍。那么，当资本品牌和产品品牌在发展过程中出现冲突时，应该怎么办？要怎么理解这种冲突呢？比如，企业要投入大量资本购置或升级设备，以提升和改善产品品质，从而构建产品品牌。然而，在涉及危机公关的时候，从资本的角度来讲，它们肯定是不希望看到这种投入的，因为这会减少当期资本回报。但如果不投入资本，产品品牌的建设又会受到影响。在此，笔者提供一个参考建议：对大多数行业来说，当产品品牌和资本品牌出现矛盾时，应优先维护产品品牌，因为产品品牌会长久地影响资本品牌力。

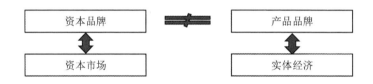

图 2.6　资产品牌与产品品牌示意图

　　资本品牌和产品品牌这两个概念的区分，在市值管理中有一个直观体现，即上市地和企业经营地是否一致所产生的影响。上市地和企业经营地是资本品牌和产品品牌塑造的两种场所，后文在谈到上市地的选择对市值管理的影响时，还会提到这个问题。

　　从这里引申出另外一个概念，即核心资产。如图 2.7 所示，当我们提及中国的核心资产时，通常的理解是那些能生产关乎国计民生的产品、构建宏大工程的企业及其产品。但是资本市场语境中的核心资产概念则有所不同，是指那些对投资者友好、能有效使用资本品牌来构建其资本市场形象的企业。这个资本市场不仅是指股票市场，还包括股权投资等所有能被资本触及的市场。

　　巴菲特对投资企业是非常谨慎的，他的持仓基本上都是其所在

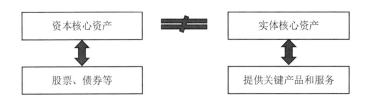

图 2.7   资本核心资产与实体核心资产示意图

资本市场的核心资产，但也包括像怡口（净水设备）、DQ（冰淇淋）这样的企业，这说明资本更倾向于从投资回报的角度来考察企业。所以，资本核心资产不等同于实体核心资产。

2.4 人力资源优化优先于市值管理

市值管理是一个动态的过程。正如本书"原则一"所阐述的，系统老化会对组织发展造成阻碍，而系统老化最主要的表现就是人力资源的老化，其次是组织结构的老化。这里面存在两个问题：第一个问题是在市值管理启动阶段，可能会有部分人员选择离开，背后的原因可能涉及利益分配，可能是对发展战略不认可，也可能是自身能力不足以达到市值管理的要求；第二个问题是在市值管理过程中，企业为了保持一定的增长速度，可能会遇到因人员老化无法满足公司新的发展要求，进而需要更新人员的情况。正是因为有这两方面的顾虑，所以在启动市值管理时，应首先在人力资源管理系统方面做好准备，这涉及人力资源管理人员的动员和评估，比如评估当前的人力资源管理情况能否适应未来的发展。企业一旦进入市值管理的程序，是无法中途暂停的，而人员问题将会成为最大的问题之一。人力资源的发展优先于业务的发展，也优先于市值管理，企业需要考虑清楚关键岗位在市值管理中的角色定位，不能期待依靠一两个岗位解决市值管理中的全部或大部分问题，而且各个岗位之间需要通过某种机制进行沟通和配合。

市值管理的结果是组织运行的结果，组织运行的结果是人力资源运行的结果，当我们谈起组织管理的时候，总是很难回避人力资源的问题，但本书不是专业的人力资源著作，因此我们还是把人力资源和组织管理放在一起讨论。市值和组织，一个是果，一个是因，如果要用一张图来表示的话，那么市值就是显性曲线，而组织发展就是隐性曲线，隐性曲线决定了显性曲线。其中，组织的概念应该延伸到股东、董事会、监事会等涉及公司治理的组织架构。

在企业发展过程中，鉴于商业的非连续性特征，企业必须考虑多个业务发展曲线的布局，以确保自身不会受到既有业务衰落的影响。如图 2.8 所示，在各条业务发展曲线的背后，支撑其发展的是代表组织发展状况的隐性曲线，隐性曲线要先于显性曲线而发展，也就是说，组织发展要优先于业务发展；而且，每一条业务曲线的增长应该在上一条曲线达到顶峰之前开始，用一个形象的比喻来形容，就是"边开飞机边换引擎"，在原有主业还没有开始下滑的时候，就要开始布局新的业务，这样可以保障公司的营业收入、利润等影响市值的指标不会出现衰退，新的业务也会不断给市场正向的预期，从而确保市值的持续增长。

在原有主业开始下滑之前开始布局新的业务，这是一个极为考

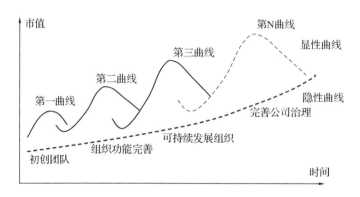

图 2.8   显性曲线与隐性曲线的关系

验企业领导层的课题，这里有两个方面的问题不得不考虑：其一，新的业务不能影响原有主业；其二，在新的业务开始爆发式增长并逐渐超越和取代原有业务的过程中，如何处理好企业内部资源调配的矛盾。针对第一个问题，新的业务不能影响原有主业，这就要求企业进行边缘式的创新和发展，以较小的代价在企业内部成立新的事业部，或在企业之外以其他方式储备新的业务模块，这一点在本章 2.7 节"提升结构效率的资源储备"中有更详尽的论述。并且，这部分以试错为目的的尝试要做好牺牲的准备，即使全军覆没也不能影响企业的正常运行。针对第二个问题，即新的业务成长起来以后，其与原有主业之间的关系应当如何处理的问题，如果新业务和原有业务都发展得比较理想，这就在企业内部形成了赛马机制，二者是可以分别发展的。难就难在新业务发展起来以后，如果原有业务出现衰退，那么负责该业务的人员、组织如何有序地退出历史舞台。这一点就对应了我们在"原则一"中讨论市值管理的"时间跨度"时所提到的，不能只关注当下的发展，也要关注当前成功的要素在未来如何有序退出的问题，至于具体处理的方法，则要根据每个企业的发展情况进行具体分析，在此，本书不做更深入的讨论。

2.5 现金是市值管理的双刃剑

正如本节标题所述，现金是一把双刃剑，一方面，企业经营需要现金；另一方面，过多的现金储备会导致上市公司的资产回报率降低。因为一般来讲，现金能直接产生的回报非常少，是拖累ROE 的一个重要障碍。具体而言，实体企业运转所产生的回报一般远高于现金回报，除实体企业之外，有时候连银行也会受到过多现金的拖累。当贷款利率和存款利率之差不再有吸引力、实体经济不景气、放贷规模受限时，银行就不需要太多存款；当银行认为有利可图时，就会发行有吸引力的存款产品来吸引资金、扩大经营。如何使用现金是企业价值观的体现，重视市值管理的企业会通过三种方式来管理现金。

第一种方式是股票回购，股票回购的目的通常有两种，一种是稳定股价，一种是消耗过量现金以提升资产回报。在 A 股市场上，第一种情况比较多，第二种情况比较少。其中，公牛集团是一个代表性案例，如表 2.1 所示，通过分析其股票回购情况可知，其主要目的并非稳定股价，而是提升现金的配置效率。在美国，股票回购的情况比较普遍，甚至有些企业不惜负债回购股票，这跟美国股市的职业经理人制度有一定关系。美国有很多上市公司经历了几代人的发展，其创始家族经过不断减持，目前仅持有很少的公司股份，大部分股份已经转化为社会公众股和员工持股计划。在这种情况下，职业经理人为了实现股东利益最大化，就会有很强的回购股票的动机。中国的股票市场虽然发展时间相对较短，但也在逐渐向这种趋势靠拢。

表 2.1　公牛集团的主要财务指标与股票回购

年份	年度现金分红总额（亿元）	净利润（亿元）	营业收入（亿元）	回购数量（股）	回购金额（亿元）
2020	12.01	23.13	100.51	—	—
2021	14.43	27.80	123.85	101 680.00	0.08
2022	19.84	31.85	140.81	1 604 776.00	2.18
2023	27.64	38.64	156.95	243 784.00	0.12
2024	—	—	—	4 181 429.00	3.33

数据来源：Wind 资讯，数据日期截至 2024 年 11 月 6 日。

第二种方式是给股东现金分红。这种方式能提升企业股票的吸引力，也是目前我国监管部门对上市公司的强制要求。分红结合税收调节，能促使投资者从交易成本的角度考虑股票频繁换手的代价，有利于其长期持有股票。但需要注意的是，不同发展阶段的企业，分红策略是不一样的。因为成熟企业不需要太多的资本开支和研发费用，所以现金分红不会影响其发展；但正处于发展阶段的科技型企业需要大量的研发支出，如果在早期积累不够多的时候把现金都分掉了，其后续的资本投入就需要通过再融资来实现，这会进一步稀释股权。

第三种方式是通过合理的理财手段来调节企业现金的储备规

模，以利用周期的变化实现企业扩张，这种现象在美股市场比较普遍。如图 2.9 和图 2.10 所示，从过去十年的数据来看，美国纳斯达

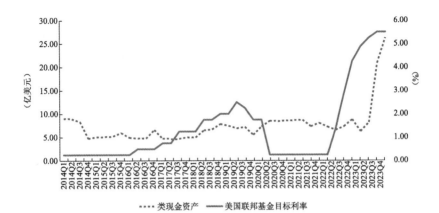

图 2.9　2014—2023 年纳斯达克成分股公司平均现金及等价物与美国联邦基金目标利率变化

数据来源：Wind 资讯。

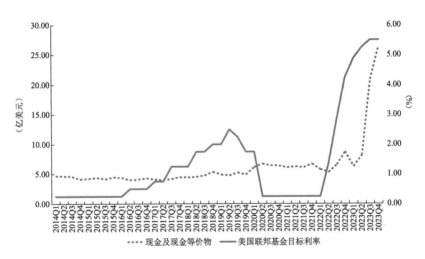

图 2.10　2014—2023 年纳斯达克成分股公司平均类现金资产与美国联邦基金目标利率变化

注：类现金资产含 US GAAP（美国通用会计准则）框架下现金及等价物、可供出售流动资产两个科目。

数据来源：Wind 资讯。

克指数成分股公司的平均现金及类现金资产均与联邦基金目标利率呈正相关。特别是在 2022 年美国开启加息周期后，各家上市公司的账面现金增长较快。这可以解释为在高利率环境下，更多的现金储备可以帮助企业获得更高的收益率，因此上市公司偏好在这个阶段持有更多现金。

道琼斯工业指数是依据美国 30 家有代表性的大工商业公司的股票计算得出的，这些公司的盈利状况能够直接反映美国经济的整体实力。如图 2.11 和图 2.12 所示，从 2008 至 2024 年的数据来看，美国道琼斯工业指数成分股公司的平均现金与类现金资产与联邦基金目标利率呈正相关。

如图 2.13—图 2.15 所示，从过去十年的数据来看，中国各板块

图 2.11　2008—2024 年道琼斯工业指数成分股公司平均现金及等价物与美国联邦基金目标利率变化

数据来源：Wind 资讯。

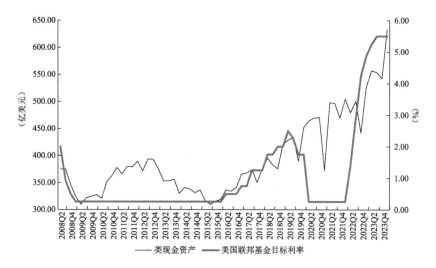

图 2.12　2008—2024 年道琼斯工业指数成分股公司平均类现金资产与美国联邦基金目标利率变化

数据来源：Wind 资讯。

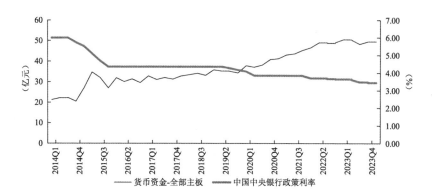

图 2.13　2014—2023 年主板公司货币资金与中国中央银行政策利率变化

数据来源：Wind 资讯。

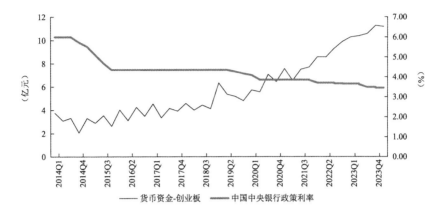

图 2.14　2014—2023 年创业板公司货币资金与中国中央银行政策利率变化
数据来源：Wind 资讯。

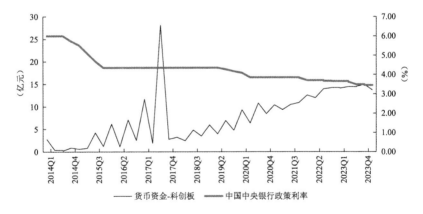

图 2.15　2014—2023 年科创板公司货币资金与中国中央银行政策利率变化
数据来源：Wind 资讯。

上市公司的货币资金总体呈现持续上升趋势，而中央银行政策利率则持续下降。总体而言，中国上市公司货币资金与中央银行政策利率呈负相关。

经过上述对比，我们发现中国企业的现金储备与央行利率的变动呈反向关系，这一点和美国企业正好相反，该现象可以从宏观层面得到解释。美联储主导美元利率，利用美元潮汐来帮助美国企业在全球收割资产，当美联储加息时，全球的资金都会流向美国，因此美国企业自然会增加现金储备；当美联储降息时，美国企业开始在全球购买资产，自然会减少现金储备。这在某种程度上也说明美国企业根据本国的宏观政策制定了相应的现金管理策略。中国企业在央行利率降低时，倾向于增加现金储备，这说明中国企业的现金来源与信贷高度相关。一方面，中国经济体系的间接融资一直以来都是企业获取资金的主要渠道；另一方面，在利率降低时，企业有动力采用套息策略来获取财务收入，这也和中国过去的银行信托理财形态有关，中国政府近年来一直致力于提升直接融资比例以改变这一现象。此外，中国企业在快速发展的过程中对现金的需求是比较大的，而美国的企业经过长时间的积累和资本运作，对信贷的依赖已经大大减少。

虽然中国的企业在过去倾向于通过信贷获取现金，但经过20—30年的高速发展，有相当一部分企业已经积累了足够的现金来支撑自身发展，而如何进行现金管理越来越成为这些企业亟需解决的问题。受到货币超发的影响，现金购买力也在快速变化，这可能会导致部分企业产生"现金恐惧症"，它们在积攒大量现金后，决策就变得不够谨慎。特别是对非现金流型企业来说，现金尤其宝贵，但这些企业往往会通过并购资产的方式来尝试进行多元化经营，从而消耗手上的现金。而即使企业什么也不做，选择保守的银行存款，仍然是有风险的，因为自2015年我国实施存款保险制度以来，银行存款就不再是绝对安全的资产了，一方面，存款属于银行负债，也是银行资产的一部分，在破产清算时算作银行资产，如果不能偿付存款，则由保险提供有限的赔偿金；另一方面，理财属于银行中间业务，银行从中赚取的手续费和中介费用，不属于银行资产，在银行破产清算时，这部分资产仍属于理财委托人。所以，存款与理财之间有本质的区别。自 2022 年施行理财新规以来，银行理财就与银行本身划清了界限，委托人风险自担的机制也得以建立。因此，应该如何运用现金就成为企业必须面对的课题。

2.6 先发上市与后发上市的不同市值管理方式

相较于后上市或者没有上市的公司，在行业内先上市的公司具有一定的先发优势，这也是资本市场容易出现"强者恒强"局面的原因。这种先发优势体现在哪些方面呢？在企业上市后，IPO 融资可以大幅缓解企业负债率高和流动资金不足等问题，使企业可以用更好的条件来吸引人才等各种要素的加入，并利用流通股和各类金融工具整合产业链。前文讲过，市值管理的逻辑起点是股权结构，因此先上市的公司就可以利用这一点整合行业资源，使自身具有更好的聚合资源的能力。除了在业务上与产业上下游开展合作，在资本上也可以深化与产业链的合作，这种合作的吸引力是巨大的，因为产业链的整合会加速行业的出清，缩短行业发展周期，有利于行业发挥规模优势以提升生产效率，降低平均利润（但这会提升具备

先发优势的公司的人均利润），提升行业的进入门槛，促使行业走
向成熟和稳定。当然，这一点可能对有些行业不适用，特别是对轻
资产的服务型行业而言，还需要具体问题具体分析。

表 2.2　上市后三年间人均利润增长的企业数量统计

上市板块	年份（以 T 为基数）	与 T 年比较人均创利增长比例	连续三年实现人均利润增长的企业	
			数量（家）	占该板块比例
主板	T+1	44.95%	335	24.17%
	T+2	40.04%		
	T+3	40.76%		
创业板	T+1	36.21%	131	15.71%
	T+2	33.81%		
	T+3	31.41%		
科创板	T+1	50.70%	50	23.47%
	T+2	39.91%		
	T+3	30.05%		

注：1. 各板块上市日期截至 2020 年 12 月 31 日；
　　2. T 为上市当年。
数据来源：Wind 资讯。

为了阐明在一个行业内先发上市的优势，即先发上市的企业在
提升产业规模以及市占率方面具有优势，我们统计了不同板块的企
业在上市以后人均创利的变化情况。如表 2.2 所示，以上市 IPO 所
用报表的年份 T 为基数，分别比较上市后 1 年、2 年、3 年的财务
报表与 T 年财务报表的差异，得出结果如下。首先，在主板上市后
的第 3 年，人均创利的实际增长比例达到了 40.76%，创业板是
31.41%，科创板是 30.05%，上述数字看似不大，但已经能够说明
问题。因为股权融资是有成功率的，主板的占比更高，这与主板上

市对企业条件的要求较高有关，在主板上市的一般都是较为成熟的企业，这类企业在上市以后，更容易发挥其在行业内的规模效应；而创业板和科创板都带有风投的性质，因此这两项的增长比例较低，但两者也都在30%以上。这些数字充分说明了企业上市融资对提升产业规模效应和生产效率的作用。当然，不是每个企业上市都能实现这种效果，这还与微观企业的个体经营情况有关。其次，企业人均利润的增长趋势在 T＋1 年比较显著，主板、创业板和科创板对应的比例数字分别是 44.95%、36.21% 和 50.70%，这可能与 A 股市场现行的监管和解禁制度有关。根据监管要求，企业在上市后的 6 个月内不能出现连续 20 个交易日股价低于发行价的情况，否则将会延长解禁期，或触发回购增持条款，且 IPO 企业的股东最快也要上市 1 年后才能解禁，因此，企业及企业周边的力量有强烈的动力在企业上市 1 年前后保持高速增长。再次，刨除上述因素，T＋3 时段的数据可以更加客观地反映企业上市对产业效率的影响。最后，连续三年都能实现人均利润增长的企业占比显著下降，在这一标准下，主板、创业板和科创板对应的比例数字分别是 24.17%、15.71%、23.47%，同样地，还是主板表现更加突出。造成这一现象的原因，我们认为大概率是企业在上市后，从募集资金到投产往往需要 1—2 年的时间，上市融资带来的利润释放一般会相对滞后。此数据也可以作为企业在行业内的定位以及可持续发展优势的一个佐证。

虽然先发上市的企业具有很多优势，能够给行业带来更高的进入壁垒，但是后发上市的企业也不是没有机会，关键在于善用各种工具和理念。总体来说，行业内后发上市的企业如果想在竞争中取胜，有两点特别值得注意。第一点是追求企业产品或服务的差异化。如果后发企业的产品和服务与先发企业完全同质，就无法建立竞争优势，因为先发企业会通过规模化生产大幅降低标准产品的成本和售价，使得后进入者没有动力去翻越这个障碍。第二点，如果先发上市的企业在市值或经营方面遇到了瓶颈，老化问题就会影响其发展，各种要素也无法在先发企业内部继续发挥作用，这时候它们积累的优势就有被瓦解的机会。后发企业可以利用可转换股权的工具，通过定向增发、股权激励以及其他方式获取成熟资源，尤其要向相关要素的提供者开放更多的公司股权。不过，企业要想实现快速增长，总会付出一些代价。后发企业在获取上述资源以后，需要抓住产品和服务差异化的窗口期加速发展，因为先发企业有更多的资金和资源来支持新的产品和服务的研发或业务转型，一旦错过这个窗口期，后发企业将失去重要的战略发展机遇。这种情况在食品、电子消费品以及部分耐用消费品行业中比较常见。

2.7　提升结构效率的资源储备

通过提升结构效率助力开展市值管理，是企业发展到一定阶段后的必经之路，任何一家企业都要考虑第二曲线、第三曲线的问题（参见前文图 2.8），而且第二曲线应该在第一曲线达到高点之前形成，第三曲线亦然，这就涉及如何提升结构效率的问题。

企业可以通过两种方式提升结构效率，一种是在企业内新设业务部门，一种是开展并购。这两种方式都可以使企业在不影响原有业务的基础上开辟新的战线。在指数型企业发展理论中，边缘式创新的试错成本最低，在原有的核心业务上创新是危险的，除非原有核心业务已经出现颓势。提升结构效率并不是单纯鼓励多元化发展，很多企业集团内部有各种各样、互不相关的业务，这是企业多元化现金流以对冲单一风险的策略表现。但对更多的企业来说，纯粹走多元化发展路线会大幅提升管理成本，导致其无法集中资源主攻一个核心市场。通过多元化发展提升结构效率，应该是对原有业务的延伸，通过开辟新的战线，使之与现有业务耦合，将外部成本内部化，提升产业链效率。

结构效率的影响因素有三个。第一，企业的主业在产业链中的位置。尤其要关注企业的主业是否具有一定的规模和定价权，如果二者有其一，那么提升结构效率确实能进一步增强企业的竞争力。第二，行业发展处于早期阶段。如果本行业的企业规模普遍较小，就要评估究竟是要提升结构效率，还是要在原有主业的基础上继续发展，增加市场份额或提升产品竞争力。第三，开拓新的业务或并购资产的时间成本和时机问题。大部分企业在寻求新业务和资产时，都会遇到开拓成本较高的问题，很多企业因为资产数量储备不够而别无他选，只能承担较高的开拓成本。而如果开拓或并购的对象在本行业内，企业对其本来就相对熟悉，还会存在一个时机的问题。企业无论是在错误的时间做了对的事，还是在对的时间做了错的事，都会花费巨大的代价。

那么，怎样才能够最小化提升结构效率的成本呢？笔者提供一个思路，即提前3—5年构建业务池或资产池，同时为提升结构效率创造条件（如储备现金、人才等），等待交易时机。最重要的一点是保持战略稳定，不能进行战略投机。俗话说，机会只留给有准备的人，如果企业在这方面没有准备，临时抱佛脚或发生战略漂移，大概率会失败。私募股权基金是一个信息集中的地方，近年来，我们经常看到上市公司广泛参与各类型私募股权基金，但这也是要讲究策略的（图 2.16），主要看如何具备更强的获取新业务或项目信息的能力。如果是以并购为目的，则作为投资人的上市公司需要对基金具有较强的话语权，最好是单一投资人基金，并从事相对控股的投资；如果是集合类基金，投资人比较分散，则沟通成本较高，可行性较低。

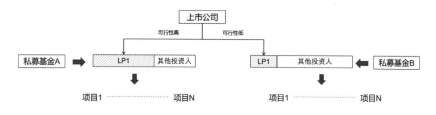

图 2.16　通过私募股权基金构建资产池的策略

2.8 多层次资本市场的市值管理

所谓多层次资本市场，是指为不同规模的企业分别安排的上市融资场所，功能略有区别，不过有些规则在各类板块中也是通用的，这一点非常重要。中国的资本市场包括上交所、深交所的主板、创业板、科创板几大主流板块，三板市场和北交所，以及场外交易市场等。平时大家关注比较多的是主流板块，但国家为了扶持各类实体经济，对不同规模的企业都给予了极大的支持，尤其是针对中小企业也出台了很多扶持政策。实际上，合理地利用这些规则来制定企业发展策略，可以让企业在不同发展阶段都能高效地使用社会资源。

虽然近几年企业转板的热度有所下降，但实际上转板规则一直存在，国家希望通过在三板市场降低上市门槛来扶持中小企业，但对规范性的要求并未放松。三板市场原来就是主板市场的后备力量，有超过1万家企业，由于流动性不像主流板块那么好，所以其中大部分企业的估值都比较低。一方面，三板企业可以利用市值管理的常规方法来管理自身的市值，不过相较于主流板块，它的市值管理没有那么复杂；另一方面，在主流板块做市值管理的企业可以着重关注市场，因为这个板块本身就是一个资产池，受惠于合规性和透明度的要求，投资者可以降低投资成本（相较于非上市企业），此外，该板块还具备定向增发等融资功能，因此这个市场是值得被各类产业资本关注的。

> **"新三板"转板案例1：创业板**
>
> 　　锦浪科技股份有限公司（"锦浪科技"）立足于新能源行业，是一家专业从事分布式光伏发电系统核心设备——组串式逆变器的研发、生产、销售和服务的高新技术企业。2017年，公司营业收入约8.23亿元，实现净利润约1.18亿元。公司于2016年1月挂牌"新三板"，于2017年8月

摘牌，于 2017 年 10 月 24 日申报创业板 IPO，排队 423 天。

"新三板"转板案例 2：主板

广电计量检测集团股份有限公司（"广电计量"）隶属于广州数字科技集团，以计量服务、检测服务、EHS 评价服务等专业技术服务为主要业务，可向客户提供计量、可靠性与环境试验、集成电路测试与分析、电磁兼容检测、化学分析、食品检测、生态环境检测、EHS 评价服务等"一站式"计量检测技术服务。2019 年，公司营业总收入 15.88 亿元，净利润 1.70 亿元；2023 年，实现营业总收入 28.89 亿元，净利润 2.06 亿元。公司于 2015 年 12 月挂牌"新三板"，于 2019 年 9 月停牌，于 2019 年 11 月 8 日在主板 IPO 上市，排队 49 天。

"新三板"转板案例 3：创业板

广东奥飞数据科技股份有限公司（"奥飞数据"）是一家数据中心业务运营商和通信综合运营企业，服务范围包括数据中心服务（IDC）、容灾备份、异地双活等互联网增值服务和产品。目前公司已经成为中国电信、中国联通、中国移动的核心合作伙伴，主要服务客户包括搜狐、网易、UC、风行、三七互娱等著名互联网企业。2018 年，公司实现营业总收入 4.11 亿元，净利润 0.58 亿元；2023 年，实现营业总收入 13.35 亿元，净利润 1.45 亿元。公司于 2015 年 7 月挂牌"新三板"，于 2018 年 8 月摘牌，并于 2018 年 1 月 19 日在创业板 IPO 并首日上市。

"新三板"转板案例 4：科创板

广州中望龙腾软件股份有限公司（"中望软件"）是 All-in-One CAx（CAD/CAE/CAM）解决方案提供商，专注于研发工业设计类软件，并持续对公司二维 CAD、三维 CAD/CAM、电磁/结构等多学科仿真软件等 All-in-One CAx 产品矩阵进行迭代优化。此外，公司通过海外并购填补了在流体仿真领域的技术空白。2021 年，公司实现营业总收入 6.19 亿元，净利润 1.82 亿元；2023 年，实现营业总收入 8.28 亿元，净利润 0.6 亿元。公司于 2017 年 5 月挂牌"新三板"，于 2017 年 12 月停牌，于 2020 年 4 月首次申报科创板 IPO，并于 2021 年 3 月 11 日在科创板 IPO 并首日上市。

2.9 以终为始控制企业经营过程

市值管理的终极目标因企业而异。以终为始，才能更好地看清企业当下应该做什么、是对是错，没有目标的行为所产生的后果随机性更大、更加不可控。企业一般会制定阶段性的市值管理目标，但如图 2.17 所示，企业在制定阶段性目标时，应该考虑完整的市值管理过程，确定长期目标，以评估当前市值管理行为对未来的潜在影响。

市值管理是否应该以市值为目标呢？我们认为，市值可以作为目标之一，但不应该是唯一目标，但因为市值受到多种因素的影

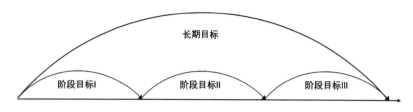

图 2.17　市值管理目标示意图

响，包括一些微观不可控的因素，所以市值管理的目标还应该包括更多内容，如公司业绩、公司治理目标等。

市值管理的过程应该贯穿上市公司的整个存续期。有的上市公司只想用市值管理工具解决某一阶段的问题，比如维持股价、减持股份、融资、并购等，这种情况非常普遍。然而，孤立地解决问题会产生很多隐患，以维持股价为例，在市场对公司基本面的预期保持不变的情况下，要想维持股价，就要向市场释放更多超预期的因素，才能维持该股票的资金流入（推动股票交易的是投资者的预期），所以其中难免会出现内幕交易等问题。如果没有发生预期的变化，股价就会围绕某一时间段的估值中枢上下波动，这会为企业管理埋下隐患，因为预期一旦无法兑现，就会损害企业的资本品牌。

那么，如何向市场释放持续的预期呢？首先，要搭建战略框架，让市场知道企业的战略目标是什么。战略目标的制定要有持续性，保证市场对企业战略预期的连贯性，从而吸引长期资金的持续关注。其次，要具备使战略落地的能力，如果企业的业绩和其他行为都达到了投资者预期，投资者就会认为该企业在未来仍然会兑现预期，进而会给予企业估值溢价。如此，现实和预期形成良性互动，股价就会保持平稳或稳定上涨，这是市值管理的奥秘所在。而据我们当下的观察，很多企业不是在破坏投资者对公司当下的预期，就是在破坏投资者对公司未来的预期，所以其股价会无规律地上下波动，这样资本运作的成本就会大大提高。因此，企业的掌舵人始终要思考企业未来1—2年的战略及企业当下的战略执行情况。

在企业保持上市地位的过程中，持续实施市值管理，就会形成代际传递效应。当前，许多企业正在从家族企业向职业经理人企业过渡，在这个转折点上，企业需要对市值管理目标进行一次重大的战略调整，从而调动更多后续资源加入企业的各种经营活动，从而实现永续经营。

是不是所有的企业都能实现持续的市值管理呢？从理论上讲是可以的。为什么这样说呢？因为从理论角度看，只要企业希望维持上市地位，总能通过各种方式找到可持续经营的路径，但这种可能性也仅仅停留在理论层面，毕竟可持续市值管理的核心影响因素还是企业掌舵人的价值观以及市场环境。一个企业在原有主业经营不下去的时候，可以利用并购来进入新的行业，但是当一些外部条件限制企业的跨界经营时，企业就不再具备可持续经营的能力。笔者认为，企业通过跨界实现可持续经营是正常的策略，但如果在这个过程中不遵循ESG的思路，增加了社会运行成本，那么跨界的道路就会被堵死。

2.10 非上市公司如何利用市值管理方式实现经营

按照一般理解，只有上市公司才有市值管理的概念，但实际上，市值管理是一种经营企业的思路，适用于上市公司，也适用于非上市公司，同样适用于大型企业集团。股票市值是衡量企业价值的一种方法，它的特点是公开透明、便于计量，但并不是唯一的衡量方法。对非上市企业来说，市盈率法、现金流折现法等同样也是计量价值的方法。市值管理的思想内核对这两类企业的价值管理都有一定的借鉴意义，而本书第 1 章所讲到的五大原则，也具有普遍适用的特点。对非上市公司来说，企业经营同样需要考虑整体性、商业模式等原则。在战略运用层面，上市公司与非上市公司所使用的方法是基本相同的；但在战术层面，二者之间有很多区别，主要表现在价值管理工具的使用上，以及融资成本和投资者（股东）关系上。

先来谈谈非上市公司和上市公司在市值管理方面相同的部分。首先，在本章"什么是好的市值管理"一节中，我们提出正向预期管理是好的市值管理的重要特征，而非上市公司同样需要管理股东、员工、商业合作伙伴等各方的预期。非上市公司往往会因为无法聚集资源、各方对其失去信心而无以为继，并最终走向失败，其中，人是最关键的要素。所以，管理各方预期对非上市公司来说是关乎生死的问题，在某种程度上，非上市公司需要比上市公司更加重视预期管理。管理预期并不是"画大饼"、夸夸其谈，而是不但要让各方对公司的结果有预期，也就是使其了解公司发展愿景，更重要的是把实现结果的路径描述清楚，让各方认为该路径是可行的，这样才能真正起到管理预期的效果。如果只描绘结果，不描绘路径，是很难令人信服的，因此总结及规划就起到了非常重要的作用，这是共识形成的必经之路。而一旦形成共识，就能在很大程度上降低企业内耗这种隐性成本。其次，对非上市公司来说，股东结构非常重要。有很多股权类书籍描绘了企业从天使轮融资到走向成熟期间的股权结构变化过程，总结其共性可知，无论股权结构怎样变化，一个始终不变的原则就是要保障股权结构的可持续发展。企业发展是动态的，合作伙伴和员工也是动态变化的，不能因为一时的困难把企业股权锁死，导致后续无法持续经营。再次，有很多市值管理工具，比如股权激励、股权融资、债权融资、并购等，非上市公司也是可以多加利用的，只是在应用这些工具的时候，交易成本会比上市公司高。最后，非上市公司和上市公司一样会受到宏观经济、产业政策和周期、公司治理等方面的影响，这些因素和公司是否上市没有关系，它们是客观存在的，需要遵循其发展规律。

再来谈谈两者之间不同的部分。非上市公司无法使用与资本市场相关的工具，比如公开发行的债务工具、定向增发的股票、流动性好的股票期权等，但不需要向社会公众公开信息，只对相关方披露信息即可，所以利空或利好的消息都不会被放大。也有很多发展较好的企业选择不上市，比如美国的科氏工业（Koch Industries）、中国的华为，原因是其长期战略目标与上市企业有所不同。不上市企业能做到信息保密，且没有公开市场上的业绩压力，因而可以为长期战略进行持续投入。由于无法使用成本低廉的金融工具，非上市公司在整合产业、快速扩大规模、吸引高端人才方面很难具备优势，这是上市与不上市最大的区别。为了解决这些问题，有相当多的产业集团选择部分产业上市，以打通和资本市场的通路，保留集团大部分资产的非证券化特征，这类产业集团会兼具上市与非上市的双重优势。不过在中国资本市场相对短暂的发展历史上，曾出现集团内部通过关联交易转移上市公司资金的情况，因此，为了消除

公众投资者对企业的信任疑虑，现在越来越多的企业选择整体
上市。

2.11 上市地的选择对市值管理的影响

上市地的选择对市值管理有重要的影响，而这不仅是因为市场
不同，估值不同。正如企业的经营场地会对产品品牌、企业品牌产
生很大的影响，上市地也能够影响企业的资本品牌，决定企业未来
要跟哪些资本市场的投资者打交道，这涉及企业文化、竞争对手、
市场环境以及企业实际经营的问题。

按照一般理解，上市地和企业经营地保持一致是最佳选择，因
为消费者或企业下游用户对企业品牌的认知有助于企业资本品牌的
形成，而且消费者和投资者很可能会有重叠，这会大大降低企业塑
造资本品牌的难度。但在这种情况下，资本品牌和产品品牌就会出
现一荣俱荣、一损俱损的局面。如果上市地和经营地不在同一个区
域，投资者和消费者不重叠，情况则相反。如果企业上市地的市场
规则、投资者理念都比较成熟，那么企业在做市值管理时会相对更
有路径可循，投资者的预期管理方向也会更加明确；如果企业的上
市地是在不成熟的市场，投机氛围严重，则不容易管理投资者和内
部人员的预期。但不成熟的市场也有其优点，对同类型企业较少的
资本市场来说，市场无法给企业定价，企业因此反倒更容易获得溢
价，在股权融资方面可能成本更低；而在成熟市场，通常会有对标

企业，市场就会依据参照物来给企业合理定价。

表 2.3　全球各个资本市场的市值以及上市公司数量

资本市场	市值（万亿元人民币）	上市公司数量
美国	534.49	5 475
中国内地	102.64	5 349
印度	66.29	7 281
英国	48.31	1 683
日本	45.79	3 829
中国香港	28.83	2 621
沙特阿拉伯	18.84	331
阿联酋	5.36	97

数据来源：Wind 资讯，数据截至 2024 年 10 月 8 日。

表 2.4　全球主要指数估值水平

代表指数	对应市盈率（PE-TTM）
美国纳斯达克指数	43.32
美国道琼斯指数	27.97
美国标普 500 指数	27.88
印度孟买 SENSEX30 指数	23.49
日经 225 指数	21.57
万得全 A 指数	19.55
英国富时 100 指数	17.9
沪深 300 指数	13.87
香港恒生指数	10.17
阿联酋 DFM 综指	8.64

数据来源：Wind 资讯，数据截至 2024 年 10 月 8 日。

市场是否成熟表现在多个方面，其中，市场容量是非常关键的指标。市场容量能够体现流动性的好坏、投资者的数量和规模、上市公司数量等，这些数据可以充分说明市场各方参与者对这个市场的认可度（表 2.3）。此外，估值也能反应投资者参与热情的高低，估值越高的市场企业在市值管理方面也能够获得更多的流动性溢价（表 2.4），但我们仍需要用多方面和动态的视角来看待这个问题。市场不是一成不变的，当各方面条件发生转化时，流动性会瞬间出现变化。

上市地选择的一个重要依据是其所能辐射到的资本市场投资者的范围，这里的投资者主要是指财务投资者和产业投资者。企业无论在哪个市场上市，对信息披露透明度的要求都是相当高的，因此上市地的选择实际上关乎在多大的范围内披露信息以及谁能参与公司投资的问题。如果只在中国的 A 股市场上市，那就只需重点考虑中国境内的财务投资者和产业投资者，虽然现在外资也可以参与国内市场，但其中财务投资者居多，境外的产业投资者目前一般不会通过跨境方式利用股票市场实现产业整合。在境外上市则不一样，在面向更广阔的市场时，就要考虑产业资本参与的可能性，这里面涉及更复杂的问题，比如，不同的市场对衍生品的监管规则不同，信用评级的标准不同，定价权归属不同等。

在境外上市的企业需要格外关注衍生品市场，因为其做空机制的影响更容易被成倍放大，使企业成为资本获利的利器。有很多中资企业在境外被浑水（Muddy Waters Research）、香橼（Citron Research）这样的机构做空，中国企业在反击境外做空势力方面付出了巨大的代价。不过，衍生品市场也可以为产业资本整合资源创造条件，德国保时捷与大众收购战就是利用衍生品收购企业的经典案例。虽然德国的制度比较特殊，但这也能充分说明衍生品在境外资本市场是被普遍应用的、很成熟的工具。

此外，不同的市场环境下企业对信用工具的使用情况也有所不同，信用工具主要指各种债务工具，债务工具的应用涉及利率和评级这两个关键因素的定价权问题。在境外市场，利率和评级的定价权都由境外机构掌控，中资企业在这方面没有话语权。同时，由于境外市场已实现利率市场化，而利率的变动又会对企业的经营产生很大影响，因此在境外上市或利用境外融资工具进行融资的企业应该加强对这两个方面的风险管理，否则会十分被动，导致企业的金融风险传导至企业经营领域，成为压垮企业的重要因素。

第 3 章

市值管理影响因素
新视野

宏观经济是市值管理不可回避的话题，不同区域的宏观经济主导力量会对企业产生不同影响，因此，跨国企业面临着多国宏观经济的挑战。在中观层面，产业定位和产业周期是对企业影响最大的因素，企业需要选择正确的时机利用杠杆。而在微观层面，公司治理、投资者关系管理和 ESG 是市值管理的重头戏。

3.1 宏观经济

　　市值管理最重要的外部变量就是宏观环境。企业无法改变宏观环境，只能适应宏观环境，在宏观环境中进行扩张或收缩的调整。如果不分析宏观环境，仅执行跟随市场的策略，当拐点出现时，一旦经营环境出现逆转，有时候会对企业产生致命的影响，2005年人民币汇改、2008年世界金融危机、2015年中国市场股灾的教训仍历历在目。自改革开放以来，世界经济周期处于上行周期，中国经济在融入世界经济的过程中，整体也处在上行期，特别是从2001年加入WTO到上行经济周期末期（我们认为世界经济从2008年开始进入衰退期），中国企业更是一路"狂飙"，鲜少感受到宏观经济波动的"杀伤力"。而在所有的市值管理影响要素中，宏观环境排在第一位。在过去，得益于国内市场稳定的政治和经济环境，中国企业经历了历史上快速发展的40余年，但这并非常态。随着改革开放日益深入，中国经济已经深度融入世界经济周期，从2016

年起，宏观环境波动开始对企业经营产生重大的负面影响，但笔者认为，宏观的下行周期才是企业锻炼内功的最佳时机。我们必须认识到，不同国家的资本市场所面对的宏观环境有很大的不同，不能一概用西方经济学的理论进行分析。西方经济学理论最大的问题是其模型需要满足严格的假设条件，而实际上大部分假设条件都是理想情况，与真实的经济环境有很大出入。我们可以参考西方经济学的理论框架，而不能照搬其理论。

不同国家宏观经济政策的影响范围不同，企业需要区分不同经营所在地的宏观经济状况所带来的不同影响。有些市场本身是全球宏观经济的主导力量，而有些市场是宏观经济的被动跟随者，其经济角色取决于市场开放程度。企业在实施市值管理时，需要分析自身受何种宏观经济背景的影响更大。例如，美国过去是且现在仍是全球宏观经济政策的主导者，因此美国企业的市值管理环境具备天然优势。巴菲特就曾公开表示他从来不研究宏观问题，因为其他市场的企业只能跟随美国的宏观经济政策做出被动调整（其中汇率及货币定价权是很重要的影响因素）。中国是一个货币主权国家，能够自主决定宏观经济政策，但在过去，我国宏观经济政策的影响范围仅限于国内，而随着开放水平的不断提升，我国的利率和财政政策也正在对越来越多的国家和市场产生影响，如果我国经济成为世界经济的主导力量，且货币政策和产业政策能够影响世界市场，那么中国企业的市值管理工作就将具备很大的宏观优势。在主动与被动的宏观环境下，企业做市值管理的复杂度是不同的，美国企业直接受益于美国的宏观政策，且该政策会影响全球市场，这给美国企业的全球化带来了很大的便利，所以美国的大企业很多，在历年

《财富》世界 500 强（Fortune 500）企业的榜单中，美国企业的数量往往能遥遥领先，这是很说明问题的。

那么，中国的企业应该在哪种宏观经济分析的框架下做市值管理呢？如何判断经济周期呢？笔者认为方法并不唯一，过去生效的方法在未来未必有效，其中最主要的原因是宏观经济发展逻辑的演变。人类社会在进入资本主义阶段后，从第一次工业革命开始，资本主义经济就呈现出明显的周期性特征。经济周期最初是由生产周期引发的，到后来的金融资本主义阶段，这一诱因逐渐演变成政治及其他周期。其中，资本回报率的需求是根本性的，当资本回报率下降时，就有可能引发危机，从而使资本利用周期的波动加剧，以此提升回报率。全球化的影响使得大部分国家都会受到相同的周期主导因素的影响，这一主导因素总结来说，就是每一轮经济周期生产率提升的主导因素。二战后建立的国际秩序导致每一次生产率的提升几乎都发生在美国，从而赋予了美国主导全球宏观周期的特殊地位。

表 3.1　每轮工业革命的代表产业及影响

工业革命	时间	主要代表产业	主要影响
第一次工业革命	18 世纪 60 年代—19 世纪中期	蒸汽机、火车	人类进入蒸汽时代，资产阶级革命爆发，英国成为世界霸主
第二次工业革命	19 世纪 70 年代—20 世纪初	电力、内燃机、汽车、飞机	促进世界殖民体系的形成，世界成为一个整体
第三次工业革命	20 世纪 40—70 年代	计算机、航空航天、原子能	人类进入信息时代
第四次工业革命	21 世纪初至今	人工智能、物联网、清洁能源	绿色工业革命正在兴起，将大幅提高资源生产率

资料来源：公开资料。

如表 3.1 所示，每轮宏观经济周期都与工业革命存在密切联系，工业革命的引领性标志就是生产力和生产效率的提升。生产力决定生产关系，从而改变世界的政治经济格局，这是当下世界地缘政治的主旋律，也是中国今天大力发展新质生产力的原因。从另一个角度来讲，能够提高生产力的产业是经济发展的主流产业，也是经济周期的主导发展力量，蕴含着巨大的机会。

从政府对宏观经济的调控情况来看，利率变化对市值管理的影响非常大。利率影响企业负债，进而影响企业的 ROE，再进一步影响市场对上市企业的定价，因此市值管理无法回避这一系列宏观问题。企业在不同利率环境中需要制定不同的策略来应对其挑战，对跨国企业来说，它们很有可能同时受多个宏观因素的影响，这考验着其在财务、税收、并购等方面资源调配的灵活性，对企业来说是挑战也是机遇。此外，国家战略的实施往往也需要根据宏观环境来做出决策和调整。国家战略是长期的，但不是一直向上的，还会经历战略收缩、迂回、扩张的过程，这是一个很大的话题，这里不再做过多探讨。有兴趣的读者可以进行延伸阅读，比如研究一下康波周期，或许能从中获得一些灵感。

3.2　产业政策与产业周期

产业政策会影响行业和企业发展，这是一个常识。基于此，笔者想要探讨在既定的产业政策背景下企业如何制定适合自己的市值管理策略。

产业发展有周期，这是一个中观层面的规律，对产业处于何种周期的判断会影响企业战略的制定。而实际上，比研究产业周期更重要的一个问题是，任何一个产业都有领军企业，且通常会以领军企业为首形成雁行产业格局，也就是产业链，这是所有产业的基本规律，那么，企业在其中是属于领军企业还是雁行企业？这个定位非常关键。如果所有企业都去做主导产品，那是不可能实现的，也会造成经济资源的巨大浪费。以电池企业为例，不可能所有生产电池的企业都能做得很好，最终只能形成几家电池企业占据头部、其余企业成为产业链配套企业的格局。所以，企业自身的产业定位决定了企业发展的方向。但是当产业中还没有头部企业的时候，企业就要评估自身是否具备成为头部企业的潜力。

关于企业在不同产业周期阶段所应采取的发展策略，很多教科书都已经论述得很详细了，在这里我们将着重阐述一个在中国市场常见的问题：企业负债属于企业加杠杆行为，无论何种形式的贷款都是如此，那么企业应该在何时采取加杠杆的策略呢？是在产业上行周期还是产业下行周期呢？毫无疑问，几乎所有人都会回答应该在产业上行周期加杠杆，因为这样可以安全地放大企业的收益，这是理性的选择。但是我们所观察到的情况是，很多企业在经营恶化、现金流枯竭时，才用尽最后的银行信贷额度以支撑企业日常开支，行业下行叠加财务成本上行，导致企业雪上加霜。再比如，很多企业的大股东在 2015 年股市最疯狂的时候选择进行股权质押，后来股灾来临，股权质押大面积爆仓，很多金融机构出现大规模坏账，致使很多企业为了挽救实际控制权经历了多年的艰难调整。道理都明白，但还是会出现这种现象，这是为什么呢？总体来看，这是企业没有针对产业周期制定正确的市值管理策略所导致的。当账面财富增加时，就激进扩张；当企业经营恶化时，就用尽所有的融资手段来勉强支撑，这并非明智的选择。实际上，企业应该在经营状况良好的时候就为下行周期储备弹药，不应该用尽所有的资源来扩张，也不应该把现金流用尽，而是要在下行周期接近底部的时候进行反周期扩张，这样才能在下一轮周期中扩大经营。产业周期与股票市场加杠杆和去杠杆的时机如图 3.1 所示。不少企业在该加

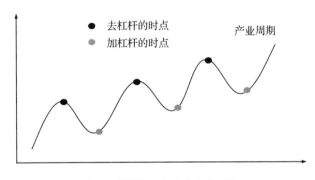

（a）产业周期加（去）杠杆的时机

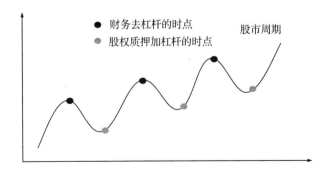

（b）股票市场加（去）杠杆的时机

图 3.1　产业周期加（去）杠杆的时机与股票市场加（去）杠杆的时机

杠杆的时候去杠杆，该去杠杆的时候又加了杠杆，这种错误的加（去）杠杆行为，是过去中国资本市场上出现大量失败案例的一个重要因素。

但是企业在发展过程中面临机遇而不得不选择扩张时，应该怎么办呢？这时候不一定要局限于负债的形式，而是可以利用股权基金、合伙人计划，或者单独引入项目投资人等形式进行扩张，除此之外，现在还有类似"滴灌通"模式、REITs（不动产投资信托基金）等新型融资方式可供选择。多样化的扩张方式可以帮助企业应对不同的经济环境，找到对自己最有利的战术，不至于被动地受制于产业周期。

不同行业周期顶部和底部的情况是不一样的，而且不同行业的波动特征有所不同。医药、消费行业的周期不是特别明显，但制造业的周期特别明显，与之相关的理论叫长鞭效应（图 3.2），意思是

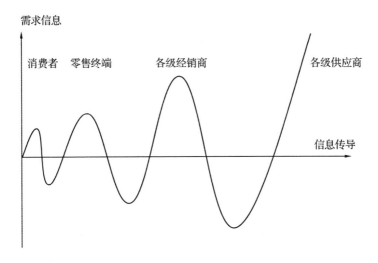

图 3.2　长鞭效应示意图

需求信息在向上传递的过程中，由于受到各种因素的影响，其不真实性会被逐级放大，最终出现源头供应商获得的需求信息与真实的市场需求之间存在较大偏差的现象，这会导致下游需求终端微小的波动引发上游原材料行业巨大的波动。

总体来讲，影响产业周期的因素是复杂的，但供需矛盾是影响产业周期最重要的因素，同时，宏观周期和政策周期也会共同作用于产业周期。此外，不同类型产业周期的步调是不一致的，产业链之间存在传导效应，有时间差，更何况在经济下行期也有正处于产业上行周期的行业，因此仍然需要具体问题具体分析。其中，还有一个主要的长期影响因素，即人口的变化。可以说，经济是人的活动，人口变动因素是所有经济变动中最根本的因素，这种变动有整体性因素也有结构性因素。如图 3.3 和图 3.4 所示，在分析人口因素对经济的影响时，整体性因素会影响宏观经济，结构性因素会影响产业经济，同时，人口因素的影响不是静态的，随着时间的推移，人口的消费和生产特征也会发生相应的变化，这一点也需要具体问题具体分析。在很长一段时间内，产业规模的天花板最终由消费人口决定，产业供给的天花板最终由劳动生产力决定，因此劳动人口和消费人口结构决定着产业规模的大小。从另一个角度讲，人口也可能成为制约产业发展规模的瓶颈，为了突破这个瓶颈，AI和"无人"生产力的崛起应运而生，可能会极大地改变产业面貌。这些复杂的产业周期影响因素也可能使得企业在面临决策时骑虎难下，所做出的决策往往有"赌"的成分。而市值管理要求企业既要根据产业规律行事，又要给自身试错提供充足的空间，因此，形成科学的决策链才能使企业保持可持续发展。

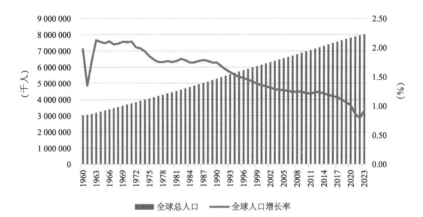

（a）1960—2023 年全球人口规模及增长率

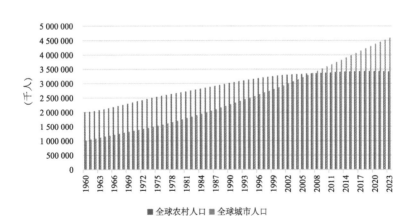

（b）1960—2023 年全球农村及城市人口规模

图 3.3　1960—2023 年全球人口变化趋势

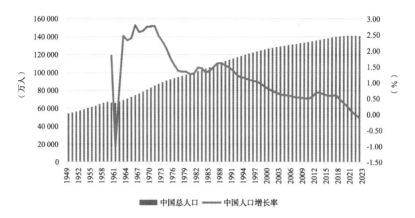

（a）1949—2023 年中国人口规模及增长率

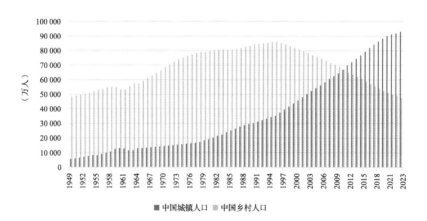

（b）1949—2023 年中国城镇及乡村人口规模

图 3.4　1949—2023 年中国人口变化趋势

数据来源：Wind 资讯。

　　我们之所以在本书中反复探讨企业决策的问题，是因为企业的决策问题是系统性工程，对中国企业走向世界并形成长期竞争力的重要性毋庸置疑。这也是笔者及所在团队一直在思考和努力的方向，希望能借此引起企业界的重视。

3.3　公司治理

企业即便不实施科学且合理的公司治理，也能维持生存，但其经营会因此出现各种问题，对公众公司来说，这是不可接受的。公司治理主要解决的是企业可持续经营的问题，而不是指导企业如何做出最优决策。

企业在创业阶段，为了追求效率，往往会采用集中决策的方式，主要靠创业者的认知制定决策。创业者决策的制约因素少，但也是一把双刃剑，在重大问题上，如果创业者决策正确，企业就可能"一飞冲天"；而一旦决策错误，企业就要付出巨大的代价。公司治理能够为企业提供决策的长效制约机制，减少决策的随意性，使企业不犯显而易见的战略错误，且能够代表广大股东的利益。

一个公司从创业阶段走向成熟阶段，最重要的标志就是公司治理结构的科学性显著提升。从实践来看，多数企业会在创始人退出公司后，开始向职业经理人模式过渡，在这一过程中，公司治理结构会逐渐趋向稳定合理，弱化个人在公司治理中的影响力，但关键人物还是不可或缺的。公司治理的内容主要包括股东结构、董事会（决策架构）、商业模式、组织管理、营销管理、企业文化、战略管理等企业管理的方方面面。公司治理结构的演变逻辑如图 3.5 所示。

该图表现的主要是民营企业公司治理结构的演变逻辑。在中国，国有企业因为其公有制结构，天生具有代表更广泛群体的利益

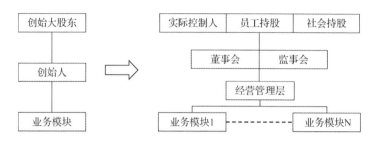

图 3.5　公司治理结构演变逻辑

诉求的优势，因此，很少会出现国有上市公司"一把手"变动引发股票价格大幅波动的情况。同时，大部分国有上市公司很少具备财务造假的动机，从公司治理结构来看，国有企业的治理机制可能更接近海外那些股权分散、主要靠职业经理人经营的公司（图 3.6）。因此，一旦引入市值管理理念，国有企业会爆发出巨大的能量。通常来讲，公司治理结构是市值管理的逻辑起点，也是最难处理的部分，是核心中的核心，而国有企业在这个问题上具备天然优势，且现在多数国有企业正在解决经营管理层的考核和激励问题，致力于构建完整的现代企业制度。

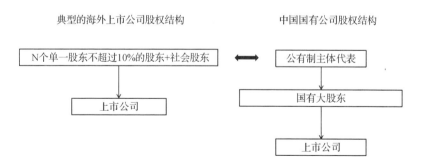

图 3.6　海外上市公司与国有企业在公司治理结构方面具有相似之处

如果说 2014—2015 年国内的 "大牛市" 是由民营企业的市值管理所引发的（不管合规与否，大部分民营企业用力过猛，加了很高的杠杆，最终引发股灾），那么当国有企业开始引入市值管理的时候，中国的股市就有望真正具备 "长牛" 的基础，因为国有企业在中国的股市结构中占比超过 60%，会从根本上改变股市对长期资本的吸引力，为更深层次金融改革目标的实现铺路。

公司治理中还有许多其他内容，正如第 1 章的五大原则所谈到的，包括整体性问题、风险管控的问题、商业模式的问题，以及财务规划的问题等，它们都会极大地影响企业的市值管理工作。其中，很多关于市值管理的著作都将企业的财务规划作为重点部分加以论述。不可否认的是，财务指标会影响资本市场对企业的定价，是至关重要的因素，而财务规划可以说是仅次于战略规划的内容。在战略分解的过程中，需要为其匹配相应的财务资源以支持战略实施，换言之，财务规划解决的是如何实施资源配置的问题。但在财务规划之前，还有更重要的问题需要解决，那就是该不该把资源配置在某个地方、什么时候执行配置，这些都是由企业的使命和经营目标决定的。接下来，我们会着重阐述动态战略管理以及营销管理和品牌管理的相关内容，它们是在市值管理工作中容易被忽视但又十分重要的问题。

3.3.1　动态战略管理

战略管理是管理学中的经典科目，学术界对其已有诸多探讨，常用的分析工具包括波特（Michael Porter）的五力模型、SWOT

分析等。大部分战略分析工具都是静态的，且在企业规模大到一定程度以后才能使用，因为战略管理一旦进入过程管理阶段，就需要企业持续承担管理成本，而战略动态分析和执行的成本往往是小企业所承担不起的。小企业按照大企业的管理方式进行战略管理，很少有能成功的案例，有很多民营企业家即便学习过 MBA 课程，他们的企业仍面临经营失败的风险。西方管理学不是万能药，从 0 到 1 和从 1 到 10 的方法论是需要区别认识的。企业经营是一个过程，不是静态不变的，因此管理者需要用发展的眼光看问题，在市值管理中尤其如此。

笔者见过很多在做市值管理的企业，它们在解决某一个问题的时候，往往会不慎引发更大的问题，而这一代价总是需要由企业自身承担。如果用发展的眼光看问题，就会发现市值管理倾向于把问题的成本摊薄在日常的经营行为中，以避免使其成为一时或者突发的成本。在"原则一"中，我们曾提到企业应当建立内稳态负反馈机制，这一原则无关乎企业的规模大小和发展阶段，可以说，企业在任何阶段都需要启动这个机制来进行战略纠偏，无非是需要付出一定成本。不过好在小企业"船小好掉头"，而对大企业来说，战略的纠偏是一个复杂的问题，利用组织结构优势建立负反馈机制，是最大程度上保障其战略稳定性的解决方案。如图 3.7 所示，在从小企业走向大企业的过程中，这种负反馈机制的建设

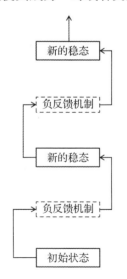

图 3.7　企业动态战略管理的螺旋生长机制

呈现一种螺旋上升的趋势。

在实施动态战略管理的过程中，企业经营情况可以用两条线表示（图 3.8），一条是显性曲线，是企业业务和产业发展的曲线，可以用营收、利润等指标去刻画；另一条是隐性曲线，是企业资本、信用资产、资本品牌的曲线，也可以简单理解为与资本相关的曲线，一般用信用评级、银行信用评价等指标来表示。企业需要针对隐性曲线和显性曲线同时建立负反馈评价机制。隐性曲线决定显性曲线，并先于显性曲线而存在，显性曲线反作用于隐性曲线。显性曲线可以有周期，而隐性曲线不能有周期，一旦隐性曲线出现下降趋势，就会动摇企业发展的根基。有很多世界知名大公司的管理层在处理企业危机时，往往会从隐性曲线入手，先改善隐性曲线，再改善显性曲线，这一点值得广大企业学习借鉴，因为忽视隐性曲线而单纯尝试改善显性曲线是没有意义的。这两者之间的关系，与本书第 2 章 2.4 节"人力资源优化优先于市值管理"部分所提及的显性曲线和隐性曲线的关系在原理上是相通的。

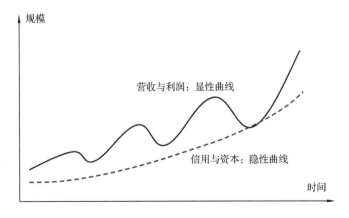

图 3.8 营收利润曲线和资本信用曲线的关系

> 隐性曲线可以理解为企业的资金、信用、资本品牌等要素的集合，甚至还可以包括企业的文化。企业无论在什么情况下都要注重隐性曲线的建设，即使在显性曲线发展停滞的时候，隐性曲线仍然可以发展。例如，战略管理是显性曲线，公司金融是隐性曲线。

中国改革开放四十多年以来，涌现出很多从零开始、由小到大，最终成长为"巨无霸"的企业，但是大多数企业没有那么幸运，时不时会面临经营失败的风险。在相同的环境下，为什么不同企业经营结果的差别会这么大？中国具有代表性的企业如华为、美的、公牛、方太等，无不是从一无所有到硕果累累，其发展过程可以说恰好印证了《道德经》里的那句话："道生一，一生二，二生三，三生万物。"即使企业刚开始什么都没有，但只要其发展过程符合道的规律，一样能有很好的结果。但有些企业恰恰相反，开局一手好牌，最后打得稀烂，这也符合道的规律，是违背道的反面结果。这个"道"指的就是隐性曲线的建设，那些从零开始最终做大的企业从一开始就注重隐性曲线的建设，并将其贯彻企业发展的始终，无论企业营收和外部环境怎样变化，支撑企业发展的隐性曲线一直在稳步增长。

隐性曲线决定显性曲线的发展，显性曲线又会反作用于隐性曲线。因此，也必须重视显性曲线的建设。显性曲线有自己的发展规律。要想对产业的战略管理情况进行静态分析，可以使用经典的战略管理工具，通过搜集数据来分析当前产业的竞争态势。但在静态分析完成后，后续的持续跟踪要怎么做，什么时候需要做出战略调整，以及应该在哪些方面做出调整，都可能成为棘手的难题。显然，每个月都做战略分析是不现实的，那么，如何实施动态战略管理，比如分析既定管理战略的推行效果如何，以及在出现意外情况时该怎样应对呢？在现代管理学中，有战略推演、沙盘推演等预测方式可供借鉴，除此之外，还可以利用更高级的战略决策系统。这种系统基于大数据的战略决策模型，可以为各个行业建模，对输入的参数和输出的结果进行敏感性分析，从而能够提前预判风险并制定应对方案。

在粗放型经济增长环境中，企业追求的是快速决策，至于决策是否精准，不是特别重要。因为在这种经济环境下，企业试错成本低，社会上遍地是机会，总有能干成的事情，最关键的因素是速度，所以企业要迅速反应，抓住机会，决策模式往往以"拍脑袋"为主。但是当社会进入内卷和存量竞争的精细化管理时代，企业的试错成本就会大大提高，这时候就需要谨慎决策。经济内卷导致很多行业的红利消失以后，投资人变得越来越谨慎，不敢轻易出手，这是因为他们不知道什么领域会赚钱，也不知道决策做得对不对。企业在发展到一定规模以后，为了保持持续增长，试错的代价和成本就会大大提高。目前，中国社会涌现出很多咨询机构和智库，旨在辅助企业制定决策。在过去，很多企业不重视这类"外脑"机构的作用，但在未来，"外脑"在企业决策中的作用会越来越重要。

隐性曲线的建设是相对困难的，相关知识点散落在不同的领域，比如企业文化领域、组织管理领域等，不同的企业要根据实际情况来制定方案。但企业往往因为受到视野的限制，很难精准把握建设方向，这时候就需要专业"外脑"的辅助了。隐性曲线建设难的原因是其价值增量比较隐蔽，有时候不好评估。比如在增强企业的信用度方面，我们知道在现代金融社会，信用即财富，信用是企业加杠杆获取额外财富的主要来源。对成熟企业，可以用银行授信、信用评级等公开市场操作来定量，但对无法进入资本市场和在快速发展中的企业，又该如何评估呢？答案是，一方面，企业的经营数据，比如服务了多少客户、完成了多少工作量、取得了某某荣誉等，可以在某种程度上反映企业所积累的社会信誉；另一方面，很多企业都会搭建企业文化墙和展馆，其所展示的内容往往是金融机构冰冷的数据所无法反映的，因为人的活动会产生社会连接，产生社会连接就会产生交易，从而形成一系列刻画企业行为的图像，这在某种程度上就是企业信誉的体现。

前文着重论述了战略管理过程中显性曲线和隐性曲线的问题，除此之外，还有一个问题很重要，即谁来对战略使命及其结果负责。答案看起来很简单，似乎应该是董事会对战略结果负责，但实际情况是，很多企业的战略不是在某一任领导的任期内完成的，可能经历了很多任领导，而现在国企考核又有终身追责的要求，因此现在摆在国企负责人面前最难的问题是战略应该由谁来制定、谁来决策、谁来执行，即战略管理的角色分工问题。谁来制定企业战略并对其负责，这是企业开展市值管理所要回答的第一个问题。一般来讲，企业的使命、愿景、价值观都是由"一把手"来制定的，但对国有企业来说，这些内容大都是由组织制定的，是企业的最高纲领，决定着企业发展的出路和天花板，所以国有企业在做市值管理时，始终不能脱离企业使命这个话题，因为它关系到考核导向，需要首先解决。在使命愿景确定以后，就要为之适配相应的价值观，明确应将谁的利益放在第一位，谁的利益次之，还要确定解决利益冲突和企业矛盾的指导原则，该原则能够帮助企业不偏离主要发展轨道，特别是在遇到危机时，企业往往只有不忘初心，才能回到正轨。企业价值观是由领导班子树立的，带有鲜明的领导个人色彩，但仍然不能偏离组织总体价值观原则的框架。从战略决策层面来看，中短期战略目标的分解是董事会的主要职责，每一届董事会需要在使命愿景的框架下审议自身的战略目标，由股东会负责考核并选举董事会。战略执行阶段主要由经营管理层负责，董事会将对经营管理层进行考核，选择适合的职业经理人，并对战略执行的最终结果负责。

3.3.2　营销管理与品牌管理

这里所讲的营销和品牌，不仅包括企业产品的营销与品牌，也包括资本的营销和品牌，我们在本小节更偏向探讨后者。营销管理和品牌管理的目的都是占领消费者或相关利益方的心智，从而达成交易。产品的营销理论经过全球学界及业界多年的研究，已经十分透彻，其中的关键要素是对人性和消费者心理的把握。但是产品营销的方法论并不能完全应用于资本的营销管理，因为资本不能通过反向营销占领投资者的心智，在美国比较常见的恶意收购之类的资本操作方式在中国是行不通的。因此企业在塑造其资本品牌时必须小心和谨慎，特别是在使用广告等公众媒体时要更加小心，因为这是一把双刃剑，会放大企业的优点，也会放大负面影响。当企业的资本品牌被过度宣传，或者当产品品牌遭遇危机却没有得到适当处理时，资本品牌就会受到极大的伤害。比如，当我们去理发、培训或者进行其他消费时，如果商家以极大的优惠力度推广会员卡和充值卡，就说明这家企业极度渴望现金流，很可能是在资金运作方面出了问题。资本也是一样的，如果其宣传调门过高，就可能会适得其反。很多企业的资本品牌经营是时点式的，即在需要融资、并购或者期望股价上涨时才搞突击式的宣传，这样其实效果并不好。

> 品牌管理对外是为了降低交易成本，对内是为了塑造凝聚力。资本品牌经营的结果会直接体现在各项成本的变动上，成功的资本品牌经营会降低企业的融资成本，同时也会显著降低产业并购的成本，这一切都是因为市值管理中资本品牌管理的终极目标是塑造企业信用资产。

在过去，很多企业因为不注意经营资本品牌，导致融资的代价过高，甚至会运用像保底定增这样的非常规融资手段，而一个资本品牌经营良好的企业是不需要用非常规手段来融资的。资本品牌的经营需要策略，但是因为每个企业的商业模式不同，所以不同企业的策略也会有所不同，总体上应当秉持资本品牌经营伤害代价最小原则。可能有读者会提出疑问：品牌管理不都是以品牌知名度最大化为指导思想吗？这里的"伤害代价最小原则"是什么意思？举个例子，在互联网营销中需要制造话题、事件，不管是这些话题或事件是正面的还是负面的，都会带来流量，只要有流量就会有收益，而塑造负面话题比塑造正面话题容易，就像搞破坏永远比搞建设容易一样。但是前文也曾讲过，资本是敏感的，反向营销不适用于资本品牌经营，也就是说，资本品牌的经营只能是正面的，不能出现负面效应，所以企业要重点考虑的是在资本品牌管理中一旦出现负面影响，情况是否可控，是否能将伤害降至最低，为此，企业要预先对品牌管理做压力测试，做到有备无患。

3.4　投资者关系管理

投资者关系管理是上市公司通过充分的自愿性信息披露，综合运用金融和市场营销的方法，加强与投资界的沟通，建立良好的公司与投资界的互动关系，促进投资界对公司的了解和认同，实现公司价值的最大化的战略管理行为，主要包括三个维度：信息披露、沟通活动和公共关系。

投资者关系管理是实际上也是公司治理的重要组成部分，良好的投资者关系管理能够增强投资者对上市公司的满意度和忠诚度，提升上市公司质量，最终实现股东价值的最大化。

3.4.1　正向预期管理

什么是好的市值管理？本书在第 2 章给出了一个参考标准，即上市公司能否持续正向管理投资者预期，因此，投资者关系是非常重要的。

投资者关系管理是企业能够主动调整和掌握的市值管理要素，主要解决资本市场投资者对企业的认知问题，是企业资本品牌管理的核心工作。投资者关系管理的核心是管理投资者对企业的预期，如图 3.9 所示，要把市场对企业的预期管理控制在适当的范围内，预期过高或过低都会出现严重的问题。如果投资者对企业预期过高，企业的股票就会出现泡沫，不利于企业并购和融资（尤其对并购方和投资者不利）；如果预期过低，股票就不能合理地反映企业价值，仍然不利于企业并购和融资（对企业现有股东不利，可能会导致其否决企业的资本运作），也有可能出现被恶意收购的事件。

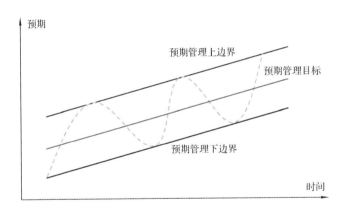

图 3.9　预期管理的目标

我们来看一个亚马逊（Amazon）的例子，以说明上市公司市值、营收与利润之间的关系是如何与预期有关的。如图 3.10 和图 3.11 所示，在 2015 年之前，亚马逊的市值与营收保持高度相关，但利润没有增长，还有小幅下滑，不过只要营收保持增长，市值就还在不断增长，这是因为在这个阶段，亚马逊正在新的领域不

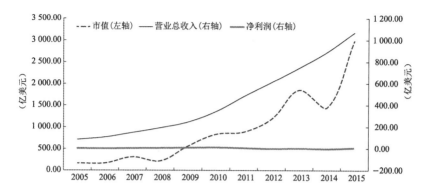

图 3.10　2015 年之前亚马逊历年营收利润与市值

数据来源：Wind 资讯。

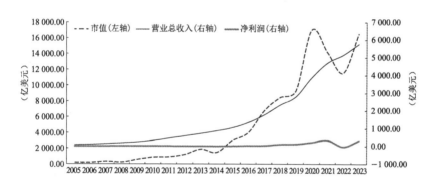

图 3.11　2005—2023 年亚马逊历年营收利润与市值

数据来源：Wind 资讯。

断加大投入，市场对此抱有一定预期，所以市值与营收高度相关，与利润的相关度很低；但在 2020 年以后，营收还在增长，市值的增长却出现了停滞，此时市值与利润的变化高度相关，市值增长出现了逻辑上的转变，亚马逊的创始人贝索斯（Jeff Bezos）也正是在这个时间点开始不断减持的。亚马逊的例子说明，企业的市值增长在不同阶段会有不同的逻辑，关键要看投资者有怎样的预期，而这种预期是可以通过公司的主动管理得到调整的。投资者预期的设定一般以年度或季度为时间单位，和财报披露的时间节点一致，不管投资者抱有怎样的预期，只要公司能实现符合预期的发展，就不会对自身造成负面影响；如果能持续实现超预期发展，股价就会不断上涨。因此，企业在管理投资者预期的时候，要适当压低预期并实现它。

实际上，投资者预期管理并不是企业某一个部门的责任，而是整个企业自上而下的统一行动，只是由某个具体的部门或工作人员负责实施，比如国外的投资者关系（Investor Relationship）部门，以及国内的董事会秘书和证券事务代表。前文曾提到，一个企业只能有一个资本品牌，但是可以有多个产品品牌，所以资本品牌的管理部门实际上应该对整个公司的行为起到指导和协调的作用，什么时候释放预期，通过什么渠道释放预期，向谁释放预期，这里面都是大有文章的。正因为权力很大，所以也容易产生内幕交易、控制股价等问题，合规的投资者预期管理应该通过官方和监管指定的渠道进行，所以企业资本品牌资产（网站、公众号、视频号、各类公开会议等）的管理就非常重要。企业在和资本市场上的各类投资者打交道的时候，在处理媒体关系，开展各类调研，以及发布研究报告、业绩预告、财务报告等方面，必须非常严肃并有计划地执行。其中，各类研究机构所撰写的报告对企业预期管理的影响较大，为此，企业应该主动管理这些外部研究报告撰写过程中的沟通工作，以避免不适宜的研究报告的发布影响企业的正常发展。特别是在存在做空模式的海外市场，研究机构发布的恶意做空报告会给企业带来巨大的负面影响，这种例子非常多，本书稍后还会对此进行具体阐述。国内资本市场虽然限制做空行为，但负面舆情对债券等金融工具定价的影响也非常大，所以我们经常看到很多企业在做危机管理的时候都不得不付出较大的代价。

另一个关于投资者预期管理的秘密，是对从事该工作的管理人员应采取以偏重长期激励为主的绩效考核方式，且长期绩效金额应该极具吸引力，以避免其因追求短期成果而给企业带来负面影响。内部人员的言论往往可能会造成股价波动或产生其他负面影响，特别是在进行危机管理时，是选择掩盖错误还是公开承认错误，是选择短期蒙混过关还是正视内在的不足，这是完全不同的路线。

3.4.2　反向预期管理

反向预期管理和正向预期管理是同一个事物的两个方面，二者同时存在。上市公司是公众公司，要做到信息公开，因此在符合金融工具使用规定的情况下，存在利用反向预期管理获利的方式，这种方式在内地市场不被鼓励和允许，但是在香港市场和海外市场已经成为一种成熟的套路。如果说正向预期管理是搞建设，那么反向预期管理就是搞破坏，搞建设难，搞破坏易，当上市公司自身破绽百出时，就有可能被利用，做空者会把上市公司的问题通过媒体放大，进而实施做空并从中获利。正如本书第 1 章的"原则二"所讲到的，上市公司市值管理的第一目标是不败，不可胜在己，可胜在敌，所有问题的产生都可以归结为自身原因。下面列举两个做空的案例，一个成功，一个不成功，供读者参考。

1. 浑水做空安踏

安踏是我国著名的体育用品零售品牌，公司于 2007 年在香港资本市场上市，截至 2024 年 10 月，总市值已经超过 2 500 亿港元。2023 年，安踏全年营收为 623.56 亿元，净利润为 102.36 亿元。

2019 年 7 月 8 日，浑水针对安踏发布做空报告，指出安踏控制了 40 个一级经销商，并借助这些经销商虚假提升公司利润率，这些经销商的销量占安踏整体销量的 70%。浑水的做空报告使得安踏当日股价下跌 8%。但安踏并未从此一蹶不振，其营收规模反而节节攀升，被做空后一年内的股价走势也相对平衡（图 3.12），成为我国运动服饰头部品牌。在应对浑水做空的过程中，安踏做对了以下两点：一是及时通过公司渠道发布声明，在短期内维护了股价；二是在中长期保持了良好的业绩增长势头和利润水平，用业绩和行动否定了浑水的报告，并在第一时间发布公告回应市场关切。面对浑水发布的五份报告，安踏均及时通过公司官方渠道发布了回应，并向市场做了充分清晰的说明。

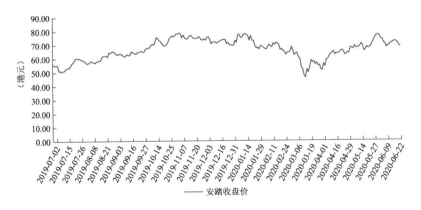

—— 安踏收盘价

图 3.12   2019 年 7 月起一年内安踏股价走势

注：横坐标为安踏股票的实际交易日期，由于股市存在非交易日，
因此日期并非均匀排布。

数据来源：Wind 资讯。

一方面，及时的回应表明了公司的态度，同时在一定程度上保护了投资者，维护了公司股价。在第一份报告中，浑水指出安踏分销商并非独立的第三方，其利润率之所以能做到行业领先水平，是因为该公司秘密控制着 27 家分销商，其中至少有 25 家为一级分销商。安踏随之回应，25 家分销商均为独立于公司的第三方，公司与各分销商之间无相互控制关系，且并未分摊任何管理费用，各分销商自主决策，自负盈亏。在浑水发布第二份报告后，安踏又及时回应，强烈否认浑水的指控，并指出"安踏上市后一直有意欺骗外部投资者，存在贱卖资产的行为，向原始股东输送利益"的指控并不准确且具有误导性。

另一方面，良好的业绩是对市场质疑的实质性回应。浑水针对安踏的质疑主要集中在其远高于行业平均水平的利润率上，而在浑水做空安踏后的第一个年报季，安踏向市场交出了一份不错的答卷，在后续的两年里，公司也维持了 20% 以上的增长水平，且公司利润率较浑水做空前更高。2019 年，安踏实现收入 58.8 亿元，同比增长 26.9%；实现净利润 12.51 亿元，同比增长 39.8%；销售毛利率和销售净利率分别为 42.09% 和 21.25%。2009—2023 年，公司营收复合增速为 18.4%，净利润复合增速为 16.2%。

2. *浑水做空辉山乳业*

辉山乳业是我国东北地区的一家乳制品生产商，主要从事婴幼儿配方奶粉等乳品的生产与销售。公司成立于 2011 年，2013 年在香港资本市场上市，2019 年 12 月正式退市。

2016 年 12 月 15 日，浑水公司针对辉山乳业发布报告，揭露公司内部经营存在多项问题，财务杠杆过高，价值已接近为零。浑水认为，首先，辉山乳业从 2014 年起从外部大量购买牧草苜蓿，而公司则称牧草为内部供应，以此提高公司利润率；其次，公司多次虚假夸大资本开支，规模约在 8.9 亿至 16 亿元之间；最后，公司的实际控制人从公司转移了约 1.5 亿元的资产。浑水报告的发布引发了市场对辉山乳业的质疑，其股价直线跳水，公司也在报告公布后的第二天上午做出了紧急停牌的决定，以维护公司市值。

从短期角度看，浑水的报告并未对当时辉山乳业的股价造成毁灭性打击。2016 年 12 月 16 日至 2017 年 1 月 16 日，公司股价不降反升，涨幅为 2.14%。这是因为公司在短期内采取了及时回应和大股东增持两项措施来维护市场投资者信心。

其一，及时回应市场质疑。辉山乳业在报告发布的第二天（即 12 月 16 日）就发布了澄清公告，并于 12 月 19 日再度发布澄清公告，就浑水报告中的多项指控做出逐一解释，同时声明公司将保留采取法律措施的权利。在第二份报告中，辉山乳业指出了浑水报告中表述矛盾的部分，同时表明公司已经与国家税务总局核实官方数据，集团内有关成员公司的财务资料与向国家税务总局及国家工商总局（现为"国家市场监督管理总局"，以下简称"国家市场监管总局"）备案的财务资料完全一致。这种借国家机构背书的行为再度提升了公司声明的可信度。

其二，股东增持加强市场信心。辉山乳业于 2016 年 12 月 18 日和 19 日连续发布公告，称其实控人分别于 2016 年 12 月 16 日和 19 日通过冠丰有限公司从二级市场购买了 2 476 万和 2 106 万股公司股份，在两次增持完成后，公司实际控制人及其一致行动人持有公司 73.21％的股权。

　　公司股票复牌后，伴随着增持公告及澄清公告的发布，辉山乳业的股价止跌并开始拉升，这说明两项操作在一定程度上挽回了市场信心。但这些行为只能在短期内维护公司股价，长期来看，仍需公司用良好的经营状态来答复市场。2017 年，辉山乳业因外部债务过重、违约概率增加而被多家银行申请审计调查，调查发现辉山乳业存在多项财务造假行为。同年 3 月 23 日，辽宁省金融办召开辉山乳业债权工作会议，23 家债权行与辉山乳业集团相关负责人均出席会议。3 月 24 日，辉山乳业股价因实控人挪用 30 亿元投资房地产资金无法收回的传闻再次出现暴跌（图 3.13），当日跌幅达到 85％，辉山乳业的财务造假问题终于暴露在了市场面前。

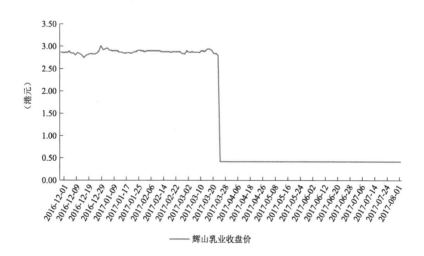

——　辉山乳业收盘价

图 3.13　2006 年 12 月起一年内辉山乳业股价走势

注：横坐标为辉山乳业股票的实际交易日期，由于股市存在非交易日，
　　因此日期并非均匀排布。

数据来源：Wind 资讯。

3.5 关于 ESG

ESG 的概念是 2004 年联合国环境规划署在《关怀者胜》（*Who Cares Wins*）的倡议书中提出的，是环境（Environmental）、社会责任（Social）和治理（Governance）的缩写（表 3.2）。

表 3.2　ESG 具体类别

环境（Environmental）	● 气候变化及相应风险 ● 环境改善服务及环境友好型产品 ● 减少污染物排放及资源浪费 ● 环境信息披露的透明度及环境目标的实现情况对企业声誉的影响 ● 降低产品、服务对环境的影响
社会责任（Social）	● 工作场地的健康与安全程度 ● 社区关系 ● 公司及合作伙伴对人权的尊重 ● 社会责任信息披露的透明度及社会责任目标的实现情况对企业声誉的影响
治理（Governance）	● 董事会成员结构及问责制度 ● 高管薪酬 ● 财务信息披露 ● 反腐败 ● 审计机构独立性

资料来源：2004 年联合国环境规划署发布的《关怀者胜》倡议书。

ESG 理念指的是企业在经营活动中除了追求财务绩效，还应该考虑环境、社会责任和公司治理等多个方面的非财务因素，实现企业经济的高质量发展。作为重要的非财务信息，ESG 指标能体现企业可持续发展的价值观，向各方利益相关者传递传统财务信息难以传递的企业价值取向，帮助投资者规避高风险公司，让各方利益主体获得长期稳定的回报。ESG 实际上是对社会上所有企业的要求，并不是只针对上市公司，它是所有公司能够做大做久的前提，任何赚钱的方式都不能以损害社会健康发展为前提，这是整个社会可持续发展的重要基础。ESG 也揭示了"约束"企业发展的三个要素，本书第 1 章曾提到，要从事物的对立面出发去把握事物的本质，因此，市值管理不能只考虑如何做大做强，还要考虑相关行为有可能会对企业的哪些方面造成伤害，而这个被损害的一方随着矛盾的积累，最终可能会成为影响企业做大做强的一大障碍，ESG 是其中的一个主要因素。

　　ESG 会在很大程度上影响企业的市值表现，最直接的原因就是社会或者政府会约束资金的投向，或者成立具有 ESG 投资属性的基金（表 3.3），专门投资符合其价值观的上市公司。

表 3.3　中国国内 ESG 相关基金产品

概念	Wind ESG 投资基金					合计
	ESG 主题基金		泛 ESG 主题基金			—
	纯 ESG 主题基金	ESG 策略基金	环境保护 主题基金	社会责任 主题基金	公司治理 主题基金	—
标准	在投资目标、投资范围、投资策略、投资重点、投资标准、投资理念、决策依据、组合限制、业绩基准、风险揭示中明确将 ESG 投资策略作为主要策略的基金为纯 ESG 主题基金，将其作为辅助策略的基金为 ESG 策略基金		在投资目标、投资范围、投资策略、投资重点、投资标准、投资理念、决策依据、组合限制、业绩基准、风险揭示中主要考虑环境保护、社会责任或公司治理主题的基金			—
基金数量（只）	182	238	402	113	32	967
基金规模（亿元）	451.974 2	1 434.577 2	2 175.283 9	1 237.469 0	263.308 3	5 562.612 6

　　数据来源：Wind 资讯，数据截至 2024 年 11 月 1 日。

同时，上市公司在做市值管理的时候，需要制定围绕 ESG 展开的战略规划，这样才不至于在未来遇到发展阻力。第一个和 ESG 相关的指数——多米尼 400 社会指数在 1990 年诞生。1992 年，联合国环境规划署提出希望金融机构能把环境、社会和治理因素纳入决策过程，促进可持续发展。如果不考虑这些因素，单纯追求资本利润，将会对环境和社会造成巨大的破坏，不仅会影响发展中国家和不发达国家，也会以其他形式危害发达国家。2000 年之后，各国政府开始重视对 ESG 的监管和立法，资本市场对此高度认同并达成了共识。ESG 不同于传统的财务指标评价体系，通过纳入多维度的非财务指标来评估企业在资源使用、污染物排放、生产者权益、社会安全、企业内控、合规体系等方面的积极行为。随着气候变化、社会发展等因素的推动，ESG 在企业发展中的角色将会越来越重要。

以 S（社会责任）为例，政府在引导市场完成社会治理目标的过程中，会根据行业发展是否过度、是否存在恶性竞争、是否损害社会发展的公平性、是否危害某一社会群体等标准，来发现并修正行业发展的不当行为。例如，从 2018 年开始，政府对游戏、培训等行业做了一系列整顿，这就属于社会治理目标中的纠偏行为。当教育培训成为损害教育公平性、影响人口生育的负面力量时，政府就需要采取行动，利用行政手段来扭转教育培训过度资本化的趋势（图 3.14、表 3.4）。教培行业内的上市公司因此受到了相当大的影响，游戏行业的情况也类似（图 3.15、表 3.5）。而当行业整顿已经到达一个临界点，开始影响经济和就业的时候，政府又会出面引导行业健康有序发展。政府的"有形之手"就像钟摆，不断纠正行业的发展偏差，确保社会发展不致失序。

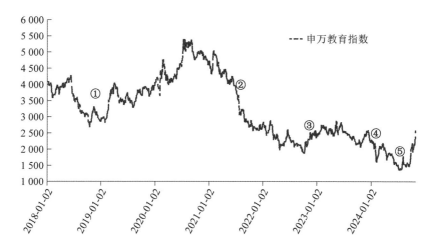

图 3.14　2018—2024 年申万教育指数表现

数据来源：Wind 资讯。

表 3.4　2018—2024 年政府关于校外培训的政策文件

序号	时间	文件名称
①	2018 年 12 月	《关于印发中小学生减负措施的通知》
②	2021 年 7 月	《关于进一步减轻义务教育阶段学生作业负担和校外培训负担的意见》
③	2022 年 12 月	《关于规范面向中小学生的非学科类校外培训的意见》
④	2024 年 2 月	《校外培训管理条例（征求意见稿）》
⑤	2024 年 8 月	《关于促进服务消费高质量发展的意见》

注：本表序号对应图 3.14。

资料来源：公开信息。

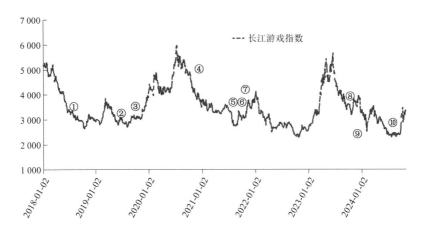

图 3.15　2018—2024 年游戏行业指数表现

数据来源：Wind 资讯。

表 3.5　2018—2024 年政府关于游戏行业整顿的政策文件及举措

序号	时间	出台文件
①	2018 年 8 月	《综合防控儿童青少年近视实施方案》
②	2019 年 7 月	《文化和旅游部关于废止〈网络游戏管理暂行办法〉和〈旅游发展规划管理办法〉的决定》
③	2019 年 11 月	《关于防止未成年人沉迷网络游戏的通知》
④	2020 年 11 月	《关于推动数字文化产业高质量发展的意见》
⑤	2021 年 8 月	《关于进一步严格管理切实防止未成年人沉迷网络游戏的通知》
⑥	2021 年 9 月	国家新闻出版署防止未成年人沉迷网络游戏举报平台上线运行
⑦	2021 年 10 月	《关于进一步加强预防中小学生沉迷网络游戏管理工作的通知》
⑧	2023 年 11 月	《关于实施网络游戏精品出版工程的通知》
⑨	2023 年 12 月	《网络游戏管理办法（草案征求意见稿）》
⑩	2024 年 8 月	《关于促进服务消费高质量发展的意见》

注：本表序号对应图 3.15。

资料来源：公开信息。

另外一个例子就是反垄断，反垄断是构建公平竞争环境的一种手段。企业通过兼并和重组实现市场占有率的提升，当对市场有足够的影响力时，可能会操纵市场价格、阻挡竞争对手进入，以最大化企业利润，这对社会和行业发展来说都是有高度危害性的，因为阻挡竞争对手的进入会使得新进入者没有发展机会，从而阻碍创新和进步。美国企业在其 200 多年的发展历程中经历了卡特尔、辛迪加等形态的垄断阶段，给社会带来了巨大的治理成本。1890 年，美国国会通过并开始实施第一部反垄断法《谢尔曼反托拉斯法》。中国的市场经济起步较晚，在反垄断方面参考了成熟市场的做法，于 2007 年颁布《中华人民共和国反垄断法》，主要涉及五类反垄断类型（表 3.6），此外，我们也统计了一些相应的数据和案例供读者参考（表 3.7、表 3.8）。

表 3.6　《中华人民共和国反垄断法》定义的反垄断类型

反垄断类型	概念
纵向垄断协议	纵向垄断协议也称纵向卡特尔、垂直限制协议、垂直协议、纵向限制协议、纵向协议等，是指在同一产业中两个或两个以上处于不同环节、没有直接竞争关系但是有交易关系的经营者，通过明示或者默示的方式达成的排除、限制竞争的协议
横向垄断协议	具有竞争关系的经营者之间达成的限制竞争的协议，如固定或分割转售价格、限制生产或销售数量等
滥用市场支配地位	经营者在相关市场内具有能够控制商品价格、数量或者其他交易条件，或者能够阻碍、影响其他经营者进入相关市场能力的市场地位
经营者集中	经营者通过取得股权或者资产的方式取得对其他经营者的控制权；经营者通过合同等方式取得对其他经营者的控制权或者能够对其他经营者施加决定性影响

（续表）

反垄断类型	概念
行政垄断	行政机关和法律、法规授权的具有管理公共事务职能的组织滥用行政权力，通过限定交易，妨碍商品自由流通，限制外地经营者在本地的正当经营活动，强制经营者实施垄断行为，制定含有排除、限制竞争内容的规定等手段实施的排除、限制竞争行为

资料来源：中国法律咨询中心网站、中国政府网。

表 3.7　2008—2023 年中国国家市场监管总局反垄断执法类型及案件数量

年份	垄断协议(件)	滥用市场支配地位(件)	经营者集中(件)	行政垄断(件)
2008	0	0	17	4
2009	0	0	77	0
2010	2	1	114	0
2011	2	1	168	1
2012	11	4	164	0
2013	23	6	207	0
2014	19	10	245	2
2015	12	18	332	9
2016	15	30	395	4
2017	28	33	356	38
2018	19	17	468	54
2019	28	15	465	84
2020	16	10	473	67
2021	11	11	727	46
2022	16	13	794	73
2023	16	11	797	39

数据来源：国家市场监管总局。

表 3.8　2012—2023 年国内典型垄断处罚案件

垄断类型	年份	案件名称	处罚情况
横向垄断协议	2012	湖北宜化等 8 家企业达成并实施保险粉价格垄断协议案	没收违法所得并处罚款，共计 886.32 万元
	2013	6 家境外企业实施液晶面板价格垄断案	责令涉案企业退还国内彩电企业多付价款 1.72 亿元，没收 3 675 万元，罚款 1.44 亿元，经济制裁总金额 3.53 亿元
	2014	8 家日本汽车零部件企业垄断案	罚款 8.32 亿元
	2015	8 家滚装货物国际海运企业串通投标垄断案	罚款 4.07 亿元
	2017	18 家聚氯乙烯树脂垄断案	罚款 4.57 亿元
纵向垄断协议	2013	五粮液案	罚款 2.02 亿元
	2013	茅台案	罚款 2.47 亿元
	2015	奔驰案	罚款 3.50 亿元
	2021	公牛集团案	罚款 2.95 亿元
	2021	扬子江药业案	罚款 7.64 亿元
滥用市场支配地位	2015	高通公司案	罚款 60.88 亿元
	2019	扑尔敏原料药案	罚款 1 003.67 万元，没收违法所得 239.47 万元
	2020	注射用葡萄糖酸钙原料药案	罚款 2.05 亿元，没收违法所得 1.21 亿元
	2021	阿里巴巴集团控股有限公司案	罚款 182.28 亿元
	2023	上海上药案	罚款 2.15 亿元，没收违法所得 10.04 亿元
行政垄断	2014	深圳市斯维尔科技股份有限公司诉广东省教育厅等侵犯公平竞争权行政纠纷案	—

（续表）

垄断类型	年份	案件名称	处罚情况
行政垄断	2017	中国证券业协会滥用行政权力案	—
	2017	上海市商务委滥用行政权力案	—
	2019	哈尔滨市交通运输局滥用行政权力案	—
	2023	江西省定南县城管局滥用行政权力案	—
经营者集中	2012	上海申通地铁集团有限公司与庞巴迪运输瑞典有限公司新设合营企业案	对上海申通处以罚款30万元，对瑞典庞巴迪处以罚款40万元
	2016	腾讯控股有限公司和中信资本控股有限公司收购联易融数字科技集团有限公司股权案	对腾讯和中信资本分别处以50万元罚款
	2017	阿里巴巴投资有限公司收购百世集团股份有限公司股权案	对阿里投资处以罚款50万元
	2019	高意股份有限公司收购菲尼萨股份有限公司股权案	附加限制性条件批准此项集中
	2023	上海海立与海尔空调设立合营企业郑州海立案	对上海海立和海尔空调分别处以150万元罚款

数据来源：国家市场监管总局。

第 4 章

市值管理的过程

市值管理属于过程管理，从哪里开始、到哪里结束、每个阶段应该做什么事，都是有章可循的。本章主要阐述上市前的准备、企业进入资本市场后的节点安排、逻辑起点和组织准备等问题。

4.1　问题的提出

市值管理面临的一个实际问题是，企业当下的状态会影响市值管理工作的切入点。如果将市值管理视为一个完整的过程，企业从一开始就要做好开展市值管理工作的准备，但这是理想状态，大多数企业都是在经营一段时间以后才有资源考虑更高层次的市值管理，而且不同企业所处的阶段不同，要做的准备工作和起点也不尽相同。市值管理的工作效果往往取决于"一把手"的决心和对此问题的认知，而如果管理层不能对市值管理有完整的认识，很有可能会在某个阶段使企业偏离市值管理的轨道。任何事物的发展都有其历史的延续性，在错误的道路上努力会导致灾难性的后果，也会为日后的工作埋下隐患。因此，本章试图梳理市值管理的过程，尽可能地帮助读者厘清每个阶段的工作重点，并为下一阶段的市值管理工作做好准备。

4.2 上市前的准备

大多数企业在从成立到上市的这段时间内，已经完成了从 0 到 1 的建设过程，开始进入一个快速发展期，公司治理结构等各方面的条件都达到了一个相对稳定的状态，但还是存在一些因素可能会影响上市后的市值管理进程。

在 A 股市场实行注册制之前，IPO 新股发行几乎被视为一门稳赚不赔的生意，这个环节中的所有参与者，包括投行、律师、会计师这些中介，以及参与新股认购的投资人等，通常都能赚到钱。企业上市后，股价会大幅拉升，因此企业实际控制人进行 IPO 的动机通常是让上市公司筹集到更多的资金，并在上市解禁后减持套现，而不是致力于上市后股票价值的持续提升。因此企业在上市前往往会做一些安排，比如把股权分散给一些关联方持有，以便上市后解禁减持等。

但在实施注册制后，情况发生了变化，因为根据监管要求，如果上市后股价低至某种程度，企业要履行回购义务，因此在 IPO 阶段筹集到更多的钱已经没有意义了。这种制度安排促使企业按需融资，也使得企业在 IPO 阶段的主要目的发生了转变，变为通过尽可能减小股权稀释的代价来获取上市地位（上市地位的获取往往被视为企业经营过程中的一个转折点，能够打通企业与资本市场对接的通路，但在企业这个过程中也会付出比较高昂的代价），重点在于上市后的市值管理。在这种转变之下，企业在进行 IPO 时就会充分考虑上市后市值管理的一些条件和约束，关联交易也会显著减少，凡是有市值管理思维的企业都会在上市前通过资产整合实现整体上市，以减少投资者对关联交易的担忧。同时，实际控制人持有暗股的现象也会明显减少。因为小非减持具有高度隐蔽性，无需事先公告，所以会成为压制股价的一个重要因素之一，不利于市值管理的开展。因此，实际控制人就会有动力提高公开持股比例，尽可能地"打明牌"。此外，"金税四期"的事实也是促使持有暗股现象减少的原因之一。最后，实际控制人的持股主体是自然人还是法人，也会影响上市后市值管理工具的选择。自然人主体持股会有大比例转增和分红的需求，在国内市场有持股满一年分红免税政策的情况下更是如此；而如果是法人持股，控股股东就会有发行可交换债券的需求，其现金分红的动机偏弱。

4.3 IPO 开始后的节点问题

企业从 IPO（或者说上市）开始，会经历一些市值管理的关键时点，包括上市后一年的小非解禁的时点、上市后三年的大股东解禁的时点、股权激励的时点、再融资的时点、实际控制人减持的时点，以及成为无实际控制人的时点等。在这些时点上，不同的相关利益方会有不同的利益诉求，如果核心相关方利益不一致，就会成为市值管理继续走下去的障碍，因此企业需要提前布局。

（1）上市后一年。这是"小非"解禁的时间点，这意味着小非股东的股票终于得以流通，可以实现资金回笼了。如果小非股东对这些资金有其他安排，就会减持公司股票。尤其是在上市公司的股东里包括很多财务投资的股权基金的时候，如果这些基金在同一时点解禁，可能会引发"踩踏风险"（大家抢着卖），且由于股权基金往往受到较强的退出期约束，因此小非股东会有很强的减持动力。鉴于此，上市公司需要提前与相关股东沟通减持工作，以免影响企业的形象和其他相关方的利益。

（2）上市后三年。这是大股东解禁的时间点。因为大股东在公司的话语权较重，因此他们可以灵活使用市值管理工具。前文曾提到大股东是法人还是自然人是有区别的，这个区别在这个时间点会很明显。股票流通后，大股东才有动力去安排股价上涨的事情，因此很多民营企业一般会选择在上市后 3 年（有些会提前 2 年半开始酝酿）再开展市值管理工作。

（3）股权激励的时点。股权激励这一工具是一把双刃剑，在合适的时点和股价水平上进行股权激励是一项长期战略。实际上，企业要想长期开展市值管理工作，就需要定期进行股权激励，以满足企业人员更替的需求。对一家股价波动较大、属于周期性行业的企业而言，如何选择合适的时点是一项技术活。如果公司的股价具有长期上涨、呈现"慢牛"特征的潜力，那么股价高低就不是主要考虑因素；如果企业在正常的企业经营过程中无法让员工在股权激励方面赚到钱，就会非常影响核心员工的稳定性。关于这一点，本书会在第 5 章进行详细阐述。

（4）大股东减持的时点。最优的减持策略是使股价在减持的过程中不跌反涨。如果大股东一减持，股价就刹不住车地跌，并且在相当长一段时间内无法回到高点，就会严重影响企业的资本品牌。因为市场会认为大股东退出意愿强烈，企业经营的可持续性没有保障。所以在大股东减持的过程中实现新老股东的有序进出是最佳策略，如果大股东减持后股价还能维持上涨趋势，就会大大加强企业的资本品牌。

（5）企业成为无实际控制人的时点。这对国有企业来说暂时不会成为太大的问题，但对民营企业而言就比较关键。当创始人决定放弃控股地位并退出时，需要在公司治理方面给予市场明确的预期，以保障企业的可持续经营。中国股市的发展时间还不够长，目前无实际控制人的公司还很少，相比之下，美国股市中的无实际控制人公司很普遍，第一大股东的股份往往只有百分之几，但企业仍然能保持稳定运行，这得益于从董事会到经营管理层建立的良好的治理机制。因此，当企业成为无实际控制人企业时，需要做的就是提前完善公司治理结构。

对市值管理的时点进行分类，目的在于强调每一个时点的方案设计都要充分考虑其对后续时点的影响。在市值管理实务中，经常会碰到企业因为前期方案考虑不周而导致后续工作举步维艰的情况，这也印证了"原则一"中所阐述的整体性原则，即任何时候都需要考虑时间跨度的影响。

4.4 市值管理的逻辑起点

企业引入市值管理时需要有一个逻辑起点，也就是首先要做的事情。前文提到，市值管理需要以终为始，从目标倒推战略实施过程，因此，思考问题的起点是制定战略规划。战略规划包括设定战略目标和自我评估，设定战略目标就是我们通常所说的企业从哪里来、到哪里去的问题，也就是企业使命、愿景、价值观的问题；在设定战略目标之后，企业需要进行自我评估，审视现实情况与战略目标之间的差距，以及资源的约束条件等，这是一个自我认知和反省的过程。一旦设定好战略规划，企业就会进入动态的战略管理过程，需要定期评估战略实施的效果，从中寻找不足以求改进。

在战略规划过程中，需要考虑的一个重要问题就是资源条件，包括现有的资源条件和需要获取的资源条件，这就涉及利益结构的问题，即谁是未来企业发展的受益者，这是企业在完成战略规划之后需要首先考虑的问题。为了解决这个问题，企业可以利用股权重组或可转股债务等方式重新梳理股东结构。比如，企业在上市时通常会发行25%的流通股（上交所有一部分企业会发行10%的流通股），后续有股东减持以后，会有更多比例的流通股进入市场，这部分股份都属于财务投资，并不能给企业带来实际经营所需的战略资源。但是企业在做市值管理的时候，这部分股份又会对股价造成重大影响，因此，在有条件的情况下还是需要考虑稳定流通股股东，甚至可以把流通股股东变成战略股东。再比如，股权激励是另一种形式的股权重组，如果说对流通股股东进行股权重组的目的是管理外部股东，那么股权激励的目的就是管理内部股东。同时，在战略资源的吸引方面，可以通过可转债、定增等方式引入新的资源。

一般来讲，在企业发展过程中，有三类利益群体会成为主要的受益群体，第一类是企业的实际控制人，也就是企业的主要股东；第二类是战略股东；第三类是企业员工。一般而言，流通股东也要考虑在内，但他们属于进行财务投资而不参与企业经营的股东。因此，进行市值管理的过程实际上就是管理上述三类群体的股权价值的过程。这三类群体的利益在大部分时候是一致的，但是如果有一个群体要卖出股份，就会引发利益冲突，因为任何一个群体的股份卖出行为都会动摇其他股东的持股信心。那么如何降低或消除这种影响呢？有两个方案，总体来看，第二个方案比第一个方案更好。

第一个方案是小量、逐步地退出，不要突发、偶然、大量地卖出，否则会造成市场恐慌。当前，监管部门要求持股 5% 以上的股东在减持时需要提前公告，这在某种程度上也可以帮助企业稳定市场预期。第二个方案是资源置换。当股权激励股份要被卖出时，企业应及时采用新的股权激励方案来置换已经兑现的股权激励，以对冲其影响；当原有的战略投资者要卖出股份时，引入新的战略投资者或用其他方式来对冲其影响，也可以起到稳定市场信心的作用。所以企业在进行市值管理的过程中，必须对上述三类股东的退出做好长期预案。这里面值得注意的一点是，要想确保单一要素的变动不会对公司的市值管理产生重大的影响，就要在发展的时候降低对单一要素的依赖，所以企业在发展过程中最好实现发展资源多样化，通过多点发力来降低单一因素的影响，从而有利于市值管理工作的推进。

总而言之，这一小节所引申出来的这些问题非常重要，它们是企业在做战略规划时就要考虑成熟的。从结果倒推可以发现，在战略规划中需要关注的不仅是企业如何做大做强，更重要的是如何做

久做强，这也是引入市值管理和不引入市值管理的企业在考虑问题
上的区别。

4.5　市值管理的组织准备

在本书的"原则一"中，我们阐述了市值管理内稳态的重要
性，所谓的"内稳态"实际上是指企业组织之间的关系。凡涉及战
略的执行，必须有相应的组织将其实施落地，这个组织可以是一个
专门建立的实体组织，也可以是一个利用流程和规则组建的虚拟组
织。前文提到，市值管理是"一把手"工程，但也涉及组织的方方
面面，因此，在公司内部必须有统一的规则来确保组织目标一致。
在制定规则时，应优先考虑以下五点：

（1）使命、愿景、价值观及长期战略目标；

（2）长期战略目标分解后的中短期目标；

（3）决策、纠偏和自我进化机制；

（4）人才培养，统一思想；

（5）统一战线，汇聚资源。

第一，要确定市值管理的使命、愿景、价值观，这一点解决的
是存在合理性的问题。任何组织的存在都必须基于某种合法性和合
理性，如为某一群体实现某种目标而存在，这对一个组织的长期发
展非常重要。因为如果缺乏原则性问题的指导，组织一旦扩张就可
能出现行为偏差，最终可能会因为受到某种力量的压制而消亡。比

如对上市公司来说，ESG 就是一个框架性的指导原则，公司的任何行为都不能偏离这个原则。那么，使命、愿景、价值观是需要在组织诞生的时候就确定，还是在组织发展过程中逐渐形成呢？这涉及组织原则设立时机的问题。该原则实际上可以帮助企业凝聚各种力量，是一个组织的灵魂所在，所以越早确定越好，但今天很多企业选择在逐渐发展壮大的过程中不断提炼其发展原则，这样也是可以的。此外，企业可以在发展过程中不断丰富和完善这一原则，但不能轻易做出调整，一旦发生大的转向，组织就可能会面临瓦解。

第二，要制定市值管理的目标计划，这一点对应的是企业发展战略的问题。关于战略管理，学界和业界著作颇丰，但这里不打算就如何做好战略管理展开深入讨论，而仅就制定中期目标的组织问题做一些阐述。在制定目标计划时，不应靠"拍脑袋"做决定，而是要以众多研究机构的成果为支撑进行科学决策，今天很多企业还做不到这一点。很多民营企业和国有企业在制定发展战略时，还相当依赖董事长"一把手"的主观意志，尤其是在涉及上市公司的股价问题时，他们往往倾向于采取有利于股价短期表现的策略，这种做法在上行的经济周期里可能危害尚不明显，而一旦进入经济发展内卷或者存量竞争的时代，就会危害无穷。同时，要想解决企业长期发展的根基问题，就必须重视研发和创新管理，这在粗放式增长模式下尤为困难，因为在这种环境中，企业往往更注重比拼速度而非质量。但是今天有些企业增长乏力，从微观层面来讲，是因为受到了创新这一因素的制约。华为之所以能保持长盛不衰，核心就在于它解决了企业长期发展的基础问题——创新管理。创新是有风险的，但创新也是有方法的，企业必须承担试错的代价，而这是值得的。企业未来的发展需要以严谨和科学的决策为支撑，不能做"拍脑袋"决策，而是需要主动寻求"外脑"和智库的帮助来分析各种问题，有条件的企业也会建立内部研究团队。

第三，要建立市值管理的决策、纠偏和自我进化机制，这一点实际上对应公司治理机制的问题。在搞"一言堂"的企业里，是很难保证决策的科学性并建立自我纠偏机制的。对那些创始人白手起家的公司来说，决策和纠偏机制的建立是有一定难度的，但是也可以效仿华为等成功企业的治理机制，由职业经理人或管理层集体决策，创始人保留一票否决权，这样既可以避免决策的随意性，又可以防止企业偏离发展路线。

第四，人才培养和统一思想，这是人力资源部门的主要工作。人力资源在企业管理中占据核心地位，是战略实施的关键要素。在企业开展市值管理的过程中，人力资源部门可以通过考核和进行员工的日常行为管理，贯彻并监督执行市值管理方案。市值管理导向的考核方案会影响员工的薪酬结构和人力资源的培训和储备计划。可以说，人力资源部门的工作贯穿市值管理始终，其地位值得被重视和拔高。然而，很多企业不舍得在人力资源管理方面下功夫，从短期来看是能够节省成本，但实际上，除组织流程建设之外，人力资源是影响市值管理成败的关键因素。

第五，建立统一战线，汇聚资源，这涉及企业如何管理外部资源的问题。企业与外部资源之间是合作关系，不是雇佣关系，所以管理外部资源不能靠行政命令，而是要靠价值观、利益结构等软性因素对其施加影响。在一个公司的组织结构中，有专门和内部打交道的部门，也有专门和外部打交道的部门。和外部打交道的部门，其行为会直接影响市值管理，一般来讲，这些部门包括市场营销部门、采购部门、研发部门、品牌管理部门、政府公关部门、投资者关系部门等，企业应重点将上述部门工作人员的行为纳入市值管理的日常工作中。笔者在创业的过程中发现，企业在社会上的口碑传播符合蜂巢规律（图 4.1），即口碑传播不是通过企业统一的宣传口径进行的，而是通过口口相传的方式实现的，这样企业就很难控制信息传递的内容，且不能单靠企业"一把手"的宣传，而是要靠这些和外部打交道的部门通过做事在社会上留下良好口碑。因此，要对这些部门进行特别的管理。这种蜂巢传播的方式可以让一个籍籍无名的小企业极大地降低品宣成本，逐步成长为一个大企业；也可以让一个大企业的社会品牌千疮百孔，最终走向衰落。所以企业对待这些员工的方式就很重要，而这又和企业的人才观、价值观环环相扣。

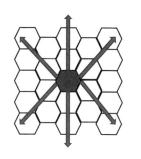 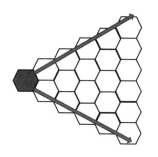

信息传播方向

（a）非受控蜂巢传播模型　　　　　（b）受控蜂巢传播模型

图 4.1　非受控蜂巢传播模型与受控蜂巢传播模型

综上所述，企业在开展市值管理工作时，在长期目标方面，市值管理的使命、愿景、价值观及长期战略目标应是统领企业发展的纲领性文件；在中短期目标和决策机制方面，应避免"一言堂"

"拍脑袋"等决策机制，而应采用集体决策、科学决策的方式，确保企业不会犯下致命错误，同时，还应设定战略回顾机制，进行自我反省和纠错；在人才培养和日常流程的管理方面，应重视人力资源部门的作用，并引导员工（特别是对外部门的员工）运用市值管理的理念开展对外合作，维护对外关系。这套方法需要由企业"一把手"定调，然后由人力部门或其他特定部门监督执行，因此是一个系统工程。不同类型的企业，其组织准备方案略有不同（这跟行业特点和企业的商业模式有一定关系），但框架思想是类似的，在具体实施时需要具体问题具体分析。

第 5 章

战略性运用市值
管理工具

市值管理工具就像企业管理者手中的牌，在什么时候打什么牌非常关键。每个工具有其特定的应用场景，有些工具可以锦上添花，有些工具适用于危机管理，还有些工具可用于配置资源，错误的出牌顺序可能会导致一把好牌打出了坏的牌局。本章总结企业过往在市值管理工具运用方面的经验教训，并对这些工具进行再解读。

5.1　股权激励与股东结构重整

对股权工具概念的理解和对其应用效果的把握，十分体现企业的市值管理水平。一方面，参与市值管理决策的各方需要深刻理解股权工具的概念和内涵，明确使用股权工具的主体是如何看待这些工具的，尤其是在涉及股权衍生品（如股票期权）和股权激励时，不同的工具对应解决不同群体的需求；另一方面，股权工具何时应用、如何应用、如何控制影响范围的大小，以及对股权工具应用可能产生的负面效果有没有应对预案等，这些问题都至关重要。任何事物都有两面性，不是使用了工具就能解决问题，相反，错用工具也可能会雪上加霜，更有甚者，资本市场还会放大这种效应。换言之，工具用得好就会事半功倍，用得不好则会事倍功半。由于很多文献和专著都会探讨股权工具的基本概念，本书在此将侧重于描述这些工具的应用效果。

5.1.1　股权激励

中国证券监督管理委员会（以下简称"证监会"）在《关于修改〈上市公司股权激励管理办法〉的决定》中指出，股权激励是指上市公司以本公司股票为标的，对其董事、高级管理人员及其他员工实行的长期性激励。企业实施股权激励的目的是调动管理层和员工的积极性，缓解公司治理两权分离所导致的代理冲突问题。

王斌等人（2022）认为，企业在实务中通常采用限制性股票与股票期权两种股权激励模式，还会设立一定的激励期限和行权条件以提升股权激励效果，确保股东与激励对象的利益一致，实现公司经营业绩的提升和股东财富价值的增长。

股权激励是内部股权重塑的过程，本质上是为了挖掘企业的内部潜力。在中国资本市场的发展历史上，有很多公司都曾采用股权激励措施，有成功案例，也有很多失败教训。企业做股权激励的初衷一般都是好的，但股权激励是一把双刃剑，用得好，企业就具有长期发展的动力；用得不好，企业就会加速衰败。接下来，笔者就股权激励谈几点看法。

第一，股权激励是否成功，不能完全以股权激励是否让员工挣到了钱，或者员工是否为了获得股权激励而努力实现业绩对赌目标作为评判标准，因为股权激励的目的是让公司能够长期经营，实现持续的业绩增长。如果员工在完成业绩指标的同时，通过兑现股权激励挣到了钱，这只能说明当前阶段的目标已经实现。如果员工退休、转行或离职，又该怎么办？所以评判股权激励是否成功，应该用动态的眼光去看待，这种动态评估的结果至少要经历两个股权激励周期才能显现。因此，股权激励应该持续不断地实施。国内外的成功企业往往会选择每年或者定期实施股权激励，在这个过程中不断地激励员工并引入新的人力资源，实现企业的可持续增长。

第二，不能本末倒置，把股权激励作为刺激股价的手段和目的，否则将引发灾难性后果。为什么国内很多企业通常只尝试过一次股权激励，失败后就不再继续了呢？这是因为一次失败的股权激励会让员工望而生畏，导致他们宁可选择眼前的小利，也不愿冒险追求长期的大利。在 2015 至 2018 年期间，很多公司为了挽救刚经历过股灾的股价，提振投资者信心，开出了很多诱人的股权激励条件，包括大股东兜底和加杠杆等，而且都以官方公告的形式广而告之，轰轰烈烈，如火如荼，但相当一部分公司股权激励的股价位置都偏高，最终导致一地鸡毛。后续公司的承诺有没有兑现我们不得而知，但员工在其中肯定遭受了不小的损失。站在企业员工的角度来讲，个体无法左右公司股价的走向，只能选择相信公司，被动地参与股权激励；在完成业绩指标的过程中，有很多因素是员工个人所无法控制的，比如市场竞争情况、政策风向等，所以员工在某种程度上也是要承受风险的。在股权激励的整个链条中，企业员工唯一能主动掌控的因素是付出更多的时间和精力以做好本职工作，各种风险因素都需要依赖公司来进行判断，所以一次能够让多方共赢的股权激励会让员工更加相信公司，而一次让员工受损的股权激励却能极大地损害企业内部的团结，导致企业后续再做股权激励时响应者寥寥。尤其需要注意的是，最好不要将股权激励这个工具用作救市或者危机处理的应急手段，因为一旦失败，它会对公司内部产生长期且深刻的伤害。

第三，在公司股价出现大幅波动时，如果参与股权激励的各方没有制定价格参考标准，就会导致很多指标是靠"拍脑袋"想出来的，即使尝试计算平均值，也可能因选取数据的时点不同而存在很大偏差。因此，让市场给予企业合理的定价是成功实施股权激励的基础条件。公司的股价呈现下跌趋势，或正处在风口而震荡上行，都不是很好的股权激励窗口。在正式公布并授予股权激励计划之前，公司应该减少主动的投资者关系管理活动，限制利好信息的发布，让股价波动水平降下来，等待市场形成筹码的密集换手区。该区域可以被视为大多数投资者的平均成本，也就是公司的合理市场定价水平。

第四，企业是否需要一上市就马上实施股权激励？并非如此。判断股权激励时点的核心标准是股权激励能否实现多方共赢，而不是上市后的时间长短。一般来说，企业上市后需要一定的时间去扩大产能或者做内部调整，在上市满一年后还会面临小非的解禁。如果股价有下跌迹象，增长动力不足，且外部环境尚未恶化，那么股权激励越早做越好。

5.1.2　股东结构重整（股权重组）

尹奉廷（2008）指出，股权重组是指股份制企业的股东或股东持有的股份发生变更。股权重组主要包括股权转让和增资扩股两种形式。股权转让是对存量股权的结构调整，增资扩股则是通过实施股权融资增加实收资本。不论是股权转让还是增速扩股，重组对象均包括内部和外部两类。内部对象通常为公司的原有股东或者高管，外部对象主要为外部的战略投资人或者财务投资者。

上文提到的股权激励是股权重组的一种形式，旨在激活企业内部潜力。把内部关系理顺以后，就需要考虑整合外部资源，"把朋友搞得多多的，把敌人搞得少少的"。在第 4 章"市值管理的逻辑起点"一节中，我们阐述过一些通过股权重组来整合外部股东的方法，如利用可转债、定增等方式引入战略合作伙伴，使其成为未来公司发展的主要受益群体等。从另一个视角来看，股权重组也是塑造公司"护城河"的方法之一，因为股东资源与未来公司发展的基础能力密切相关，是核心利益共同体形成共识的体现。

股东的引入也分两种情况，一是引入的股东在资源方面具有互补性，可以理解为企业是这类股东资源变现的平台；二是引入同业或竞争对手做股东。第一种情况比较好理解，不同企业为了实现产业优势互补，降低产业内部交易成本，相互之间进行股权联合，形成利益共同体。那么第二种情况是怎么回事呢？引入同业或竞争对手，在很大程度上是为了减少过度竞争，消除恶性竞争，这种情况往往出现在亏损行业或一些受到地域、资源限制的行业。在第 1 章阐述"原则三"时我们曾经举过中国建材的例子，当中国水泥行业的过度竞争导致全行业亏损时，中国建材就出面收购同行的股权，和竞争对手共同做企业股东。站在被整合企业的角度，引入同业股东以消除竞争、提升利润，不失为一个不错的解决方案。安徽的海螺水泥股份有限公司（以下简称"海螺水泥"）也是这方面的高手，就其于 2014 至 2023 年间在同业中的持股情况来看（表 5.1），该公司经常买入同行业的股权或股票。水泥这个行业是有地域限制的，且水泥属于重货，具有很高的运输成本，所以水泥企业一般都有经营半径，比如 500 公里。那么，对超过 500 公里半径范围的市场，企业应该怎么办？是否需要增加产能去抢占当地市场？海螺水泥的解决方案是进行股权重组，通过投资当地优势水泥企业获得收益，而不是盲目扩增产能。

表 5.1　海螺水泥在同业中的持股情况

年份	西部水泥	华新水泥	上峰水泥	天山股份	冀东水泥	青松建化
2014	0	0	0	0	19.84%	28.17%
2015	21.17%	0	0	0	13.93%	10.59%
2016	21.17%	0	0	0	13.93%	10.59%
2017	21.16%	0	0	0	0	0
2018	21.1%	0	0	0	0	0
2019	21.1%	0	0	0	0	0
2020	21.1%	0	0	0	0	0

（续表）

年份	西部水泥	华新水泥	上峰水泥	天山股份	冀东水泥	青松建化
2021	27.43%	0	1.77%	0	0	0
2022	29.8%	4.43%	1.21%	0.86	0	0
2023	29.8%	4.43%	1.21%	0.86	0	0

数据来源：Wind 资讯、海螺水泥公司年报。

5.2 增持、减持和回购

增持和减持都是市值管理的常用工具，从含义理解到实际执行都相对简单，因此也会较为频繁地出现在大众视野中。但是，要想使用好这两个工具也并不容易，需要全面考虑其使用环境、条件、预期效果以及长期影响。

5.2.1 增持

　　股票增持是指上市公司股东通过买入上市公司流通股股票，来增加其股份比例的一种行为。

增持是老股东主动进行市值管理的行为，一般会被市场理解为利好信号，认为股东看好公司未来发展，所以能够提振市场信心。但是这一工具的实践有一些经验教训值得探讨。增持这一行为对市场的积极影响是众所周知的，因此就会出现利用这个工具来诱骗市场的假增持、"意思一下"的增持现象。现在，企业已经很难利用假增持来提振市场信心了，因为增持行为不当反而会被市场解读为负面信号，这是市场从过去的发展历程中学到的教训。那么读者可能会问，到底该怎样增持，才能真正给予市场信心呢？

首先，在基本面向好的情况下，抓住市场反馈的真空期进行增持，可以起到四两拨千斤的作用。上市公司不可能一直依赖出利好来刺激股价，市场对公司公开信息的消化反应总会有低潮期、真空期，当上市公司在没有利空的情况下遭遇股票下跌时，选择在这个时间点进行增持，可以持续增加公司在资本市场的曝光度，也能买到足够多和便宜的股票。不要一边出利好一边增持，否则不仅增持的价位可能不理想，还有可能涉及合规问题。同样，也不要一边出利空一边增持，这样会被市场理解为上市公司股东试图通过诱骗市场实现低位增持，有损公司形象。

其次，不能在临近出利好之时去增持，这与合规要求不符，上市公司大股东一般都会注意到这个问题，难就难在二股东、三股东等其他股东在增持时往往会忽视这一点。把握合规的时间窗口非常重要，否则企业将面临监管的问询和调查，这对公司开展市值管理非常不利，因此上市公司需要与主要股东保持沟通。

再次，增持股票可以被视为股东的一种投资行为，既然是投资行为，就要考虑预期投资回报的问题。投资股票的回报主要来自资本利得（二级市场差价）和股票分红两个方面，因此公司需要在市值管理的整体框架下安排增持。如果预期上市公司的未来收益会增加，且 ROE 等各方面财务指标正处于上升状态，大概率能获得资本利得，那么在此时进行增持是合适的；如果希望获得稳定的股票分红，那么在合适的价位增持以获得可观的股息率，也是合适的。但我国过去出现过很多以托高股价为目的的增持行为，这是因为上市公司缺乏股东增持的整体规划，导致很多股东的增持都以亏损告终。

最后，要注意增持的量的问题。前文也提到过增持如果不痛不痒，很有可能会被市场理解为负面信息，那么到底增持多少合适呢？这个答案要通过研究市场来寻找，要跟踪市场在一段时间内的历史增持水平，比如可以和该股票的每日成交量或者增持对象的总股本相比较，也可以在不同增持案例中比较绝对金额，参考每个增持案例中的股价表现情况。这样做的目的就是要了解市场增持行为处在一个什么样的水平，以及投资者对增持的预期处于一个什么样的区间，以此确定增持的规模。

5.2.2　减持

> 股票减持是指股东通过出卖、协议转让、赠与、股票权益互换等方式降低持股比例的一种行为。我国相关法律、法规、证监会规章、规范性文件，以及证券交易所规则对上市公司股东以及董监高的股票减持行为做出了一系列限制性规定。

股东减持在我国是一个敏感话题，它常被认为是造成中国股市长期不振的罪魁祸首，是大股东套现的工具，是损害中小投资者利益的因素之一。笔者认为，市值管理工具本身没有好坏之分，只有当其应用的方式和环境、条件出现了问题，才会对企业造成伤害。所以我们需要辩证地分析问题，看到一个问题的两面。

前面曾讲到增持和减持是股权调整行为的两个方面，有增持就有减持，否则这一市场行为就不完整。减持之所以常被诟病，是因为在过去一些股东通过减持获取了大量财富，这种巨大的财富效应甚至会诱使企业不惜造假，给资本市场留下一地鸡毛。但是如果从一个工具的使用成本和应用条件的角度来分析，我们能得出一些新的观点和结论。

先来分析减持这个工具的正面意义。首先，如果资本市场不具备减持的功能，可能很多资本就不会进入市场，因为它们知道无法变现。这样，社会财富就无法循环、流动，增值也不具有实际意义。其次，减持可以使得新老股东流动起来，特别是重要员工的更替，能为上市公司增加新的活力，是促进上市公司可持续经营的重要因素。从公司发展的角度来讲，无论公司正处于初创阶段，还是已经成为公众公司，乃至未来可能成为无实际控制人公司或由管理层控制的公司，每个阶段都需要应用减持这个工具。最后，减持这个工具在市值管理中可以用来抑制股价泡沫。股价泡沫不利于公司持续开展股权激励，前文提到，成功的股权激励是一个动态的、持续的过程，如果股价出现泡沫，股权激励就很难持续、动态地进行，从而损害公司的长期价值。

那么，减持这个工具有哪些负面意义呢？第一，毫无疑问，减持是股东财富套现的工具，从整体视角看，这种工具的应用必定会让一部分人受益、一部分人受害，但这种伤害能否降低呢？答案是完全可以。只要公司保持可持续增长，持续地为股东创造价值，成为公司股东的投资者在任何时候都能赚到钱。广为诟病的模式是减持的股东单方面盈利，而损害了其他中小投资者的利益。第二，减持的成本是股东减持决策的重要影响因素。这里的成本不是指股票交易的手续费、印花税等，而是指与不减持相比可能存在的机会成本、财务成本、制度成本和社会成本，这些成本有些缘于国家监管政策，有些是企业自身造成的，有些则与地方政府的措施相关。比如，上市公司股东持有股票满一年后分红免征个人所得税，这一项政策就与减持的财务成本有关，如果减持后再买入使得分红成本增加，那么股东还不如不减持。从制度成本的角度看，这也是国家监管鼓励投资者长期持有、培养耐心资本的举措之一，该政策通过引导上市公司股东考虑减持成本而主动做出长期持股决策，激发市场主体自发的持股行为。同时，股东减持还会影响地方税收。如果短期内发生大量减持，会造成当地政府一时间税收大增，相应地，未来某个时段的税收会急剧减少，影响当地经济产出。笔者曾见到一些地方政府的税收非常依赖当地的一些大型企业，这些企业的股东减持对当地税收的影响非常大，这就是减持的社会成本。此外，如果股东在完成减持后，财富没有更好的去处，再加上考虑到上市公司每年的分红和持续增长潜力，减持就变成了一个机会成本较高的选择；而如果上市公司财务造假的成本较低，股东减持套现后法律责任较轻，那么减持就变成了一种有利可图的生意。从上市公司的诞生之日起，就有一些股东开始计划清仓式减持，减持动机强烈。如果提高违规成本，这种情况就会大幅减少，中国的监管部门正在大力加强这方面的工作。第三，资本市场能否成为上市公司财富安全的保值增值场所，决定了股东减持意愿的大小。如果公司股东认为其所在的市场没有安全感，至少没有制度上的安全感，就会有很强的减持动机。

总体来看，减持这一工具是一把双刃剑，过去出现的各种问题也反映了市场制度上的一些不完善之处，但就资本市场的基本功能——优化资源配置而言，减持是优化资源的必要手段。为了避免减持成为资本市场优势一方牟取暴利的工具，就需要相关部门加强监管和引导。

5.2.3　回购

回购不同于增持，增持是股东的行为，回购是企业自身的行为，通常被认为是企业为了稳定股价而释放的信号。企业从二级市场买入股票的行为看似很简单，但背后要考虑的因素实际上比较复杂。

首先，就回购的会计处理而言，企业回购股票后通常需要将其注销，可以理解为企业用自己的钱购买自己的股票，然后将这部分股份注销。这样做会减少账面净资产，但很多国有企业需要考核净资产增加值，显然，单就考核而言，对股票进行回购处理是不合适的，除非国有企业更改考核标准。既然如此，为什么还是会有回购这个工具呢？秘密在于回购可以提升股东的每股净资产，从而提振股价，因此当前阶段的民营企业是有回购动力的。

其次，可以将回购视为企业的一种投资行为。当企业自身的经营回报超过其对外投资的回报时，企业就有动力进行回购。当然，对外投资还要考虑道德风险等问题，并非只需要考虑经济回报。回购是一种企业主动配置资源的行为，如果企业账面现金过多，就会降低每股净资产的回报，原因是现金产生收益的能力很弱，往往是拖累企业经营效率的障碍，这一点本书会在稍后的章节详加论述。因此，企业需要把过多的现金通过回购的方式消耗掉，同时增加每股的回报以提升股价。在西方，很多由职业经理人管理的公司有时还会贷款回购股票，如果贷款的利率远低于企业的账面回报，那么通过贷款来投资企业就是合算的，也是一种财务加杠杆的行为。

最后，回购最好在成交密集区进行。每位股票投资者都有其特定的投资成本，成交密集区是投资者密集换手、筹码重新分配的区域，在这一区域，投资者的持有成本相对集中，在这个位置收集筹码可以起到稳定市场的作用。因为回购以后筹码就被锁住了，可以在某种程度上尽可能少地改变投资者的持有成本结构，从而有利于稳定股价。

5.2.4　回购增持再贷款

2024 年 9 月 24 日，央行宣布将创设股票回购增持再贷款。同年 10 月 17 日，中国人民银行、金融监管总局、证监会发布的《关于设立股票回购增持再贷款有关事宜的通知》指出："中国人民银行设立股票回购增持再贷款，引导金融机构向上市公司和主要股东提供贷款，贷款资金坚持'专款专用，封闭运行'，分别支持其回购和增持上市公司股票，推动上市公司积极运用回购、股东增持等工具进行市值管理。"文件中提及的相关要点如下。

（1）中国人民银行发放股票回购增持再贷款，首期总额度为

3 000 亿元，年利率 1.75%，期限 1 年，可视情况展期。

（2）该贷款可由符合条件的上市公司和主要股东向 21 家全国性金融机构申请，其中"21 家全国性金融机构"包括三大政策性银行（国家开发银行、中国进出口银行、中国农业发展银行）、六大国有商业银行（中国工商银行、中国农业银行、中国银行、中国建设银行、交通银行、中国邮政储蓄银行），以及十二家股份制商业银行。

（3）金融机构按市场化原则，自主向符合条件的上市公司和主要股东发放贷款，贷款利率原则上不超过 2.25%。其中，上市公司需符合《上市公司股份回购规则》第八条规定的条件，且不能是已被实施退市风险警示的公司；主要股东原则上为上市公司持股 5%以上的股东，具备债务履行能力，且最近一年无重大违法行为。

（4）该贷款专项用于回购和增持上市公司股票，且申请该贷款的上市公司和主要股东需要开立单独的专用证券账户。此专用证券账户只允许开立一个资金账户，且应当选择贷款机构为第三方存管银行，不得办理转托管或者转指定手续。要确保贷款资金"专款专用，封闭运行"。

由此可以看出，股票回购增持再贷款的流程主要有两步：第一步，中国人民银行以 1.75% 的年利率向上述的 21 家全国性金融机构提供贷款资金；第二步，金融机构以不高于 2.25% 的年利率向符合条件的上市公司和大股东发放专项贷款用于股票增持回购。

这一工具无疑有利于金融机构、上市公司和主要股东、股市投资者们实现共赢。从金融机构的角度来看，它们以 1.75% 的利率向央行贷款，又以高于 1.75% 但不高于 2.25% 的利率为上市公司提供贷款，从中可以赚到最高 50 个基点的息差。从上市公司和主要股东的角度来看，他们获得了比市场上的利息更低的贷款，可以用更低成本的资金进行市值管理。从投资者的角度来看，上市公司积极进行市值管理可以使股价提升，从而使投资者获利。

该政策发布后，10 月 20 日，中国石化、招商蛇口、中远海控、牧原股份等 23 家上市公司就披露公告称公司或股东已与银行签订贷款协议或取得贷款承诺函，成为首批获得股票回购增持再贷款资金的公司。首批批复的贷款额度合计已超百亿元，涉及的上市公司覆盖石油石化、房地产、电子、交通运输、汽车、轻工、农林牧渔等不同领域，既有国企央企，也有民营企业，由此可见，市场对此给出了良好反馈。

5.3 并购

　　王黎黎（2007）认为，企业并购是经济学特别是微观经济学理论中一个重要的概念，也是在市场经济条件下发生的一种组织变动形式，涉及企业资产的重组、清算和再分配。企业并购是企业之间兼并与收购行为的总称。根据《国际社会科学百科全书》的定义："兼并是指两家或更多的不同的独立的企业合并为一家。"兼并可以分为两类：吸收式兼并和新设式兼并。吸收式兼并中被兼并的企业将失去法人资格，其债务、债权由存续企业承担；而新设式兼并中参与兼并的企业均失去法人资格，参与各方会成立一家新的企业作为法人实体，兼并各方的债权、债务由新设企业承担。

收购是指一家企业购买另一家企业（即目标企业）的资产、业务部门或股票，从而获得对该企业的控制权的交易行为。从出资方式的角度来看，并购可以分为现金并购和换股并购。现金并购指并购方使用现金购买目标资产；换股并购指并购方直接向目标企业股东发行自己的股票，以交换目标企业的股权。换股并购的优势在于无需使用现金，不会影响并购方的现金流状况。

杨洁（2005）指出，以并购方是否利用自身资产来支付并购资金为依据，可将并购分为杠杆并购和非杠杆收购。收购方在实施收购时，如果70%以上的资金来源是对外负债，即是在银行贷款或金融市场借贷的支持下完成的，就称其为杠杆收购。这种收购方式可以用较小部分的自有资金撬动数倍以上的收购资金，操作形式类似杠杆，所以被称作杠杆收购。其特征是：（1）并购方用来收购的自有资金与收购总费用相比很小，通常的比例为10%—15%；（2）绝大部分收购资金是通过贷款获得的，贷款方可能是金融机构、信托基金，还可以是资金充裕的个体，甚至可能是目标企业的股东

（并购交易中的卖方同意买方分期给付并购资金）。非杠杆收购则指并购方主要使用自有资金实施收购。

并购是企业提升结构效率的重要手段，企业开展市值管理，既需要挖掘内部潜力，也需要向外寻求新的增长点。在增量市场，企业通过改善自身的运营效率就可以扩大企业规模，但在存量市场，企业需要重点考虑如何通过并购的手段形成新的增长。讨论并购业务的书籍浩如烟海，通常都会谈及如何应用各种工具和融资手段等"术"层面的问题，但这些不是本书的重点，本书想要探讨的是市值管理中并购之"道"的问题。并购看似是扩张效率最快的方法，但从投资者的角度来看，实施并购的公司需要在短期内付出大量的现金或其他成本，从而伤害公司的短期利益；从被并购方的角度来看，如果并购方有很强的并购意愿，那么标的公司就有了讨价还价的筹码，尤其是如果标的公司是上市公司，还会涉及公众股东的投票程序，需要并购方拿出足够吸引力的收购方案。所以实施并购的一方需要有策略、有计划地实施并购，否则就会失败，这里的失败不仅是指无法实施并购，还包括并购以后可能面临的运营失败等其他方面。

并购的第一个出发点是行业横向并购。横向并购最主要的好处是减少恶性竞争，提升行业集中度，增强行业定价的话语权。大多数行业发展到成熟阶段，即在增量市场已经基本开发完成，进入存量竞争阶段的时候，都会经历行业的横向并购时期。对那些实施整合的头部企业来说，这一阶段意味着它们有机会构建起长久的"护城河"。如果企业想在行业成熟阶段成为实施整合而不是被整合的一方，就要尽早占领行业中的制高点，在资源、规模以及成本方面都要取得领先地位，这里的成本是指运营和管理成本。实施并购的企业只有向被并购的标的付出更有吸引力的薪资和股东回报，才能提高并购的成功率。因此，只有那些具备规模经济效应的企业才有条件并购同行。制约行业实施横向并购的是反垄断政策，这是政府用"无形之手"调控市场经济的必然举措。

并购的第二个出发点是行业纵向并购。纵向并购的好处是降低产业链内部的交易成本，形成稳定可靠的供应链，保障产业安全，同时建立"护城河"。但并不是每个产业都适合做纵向并购，比如很多制造业企业的上游是化工、能源产业，无法进行纵向并购，且这种纵向并购没有太大的意义。如果上下游是充分竞争的，则没有必要进行纵向并购；如果上下游是被寡头垄断，或者是有限竞争的，则有必要进行纵向并购。特别是如果上游企业控制了关键的原材料和零部件，且处于有限竞争的状态，这时候本企业产业链的安全就会受到威胁，可以考虑进行并购。但是如果本企业所在的领域是充分竞争的，那么实施纵向并购的成功率是很低的。比如，如果上游是垄断的，中游是充分竞争的，中游企业就无法并购上游，除非中游企业已经具备一定的市场统治力，这时候才有议价能力去并购上游。这个话题比较复杂，不同的行业的情况各异，还是要具体问题具体分析。

并购的第三个出发点是多元化并购。企业实施多元化并购的主要原因是无法在本行业迅速做大，需要为企业寻找更多收入来源，平衡不同业务板块的现金流收入，抵御周期风险，增强企业经营的稳定性。多元化并购是最具有挑战性的扩张模式，因为每一个行业的发展特征不同，企业需要花费相当大的成本进行整合。巴菲特的伯克希尔·哈撒韦公司（Berkshire Hathaway Inc.）是实施多元化并购的典型，成为很多企业家学习和模仿的对象。巴菲特在完成企业收购以后，在多数情况下会选择保留经营管理团队，且其所收购的企业中很少有初创公司，大多是运行机制、客户群体以及公司治理成熟稳定的公司，换句话说，是现金流可以预测的企业。企业运营所依赖的并不是某一两个人的能力，而是企业运营机制，因此企业在实施多元化并购时，需要看清楚所希望并购的到底是什么，是企业系统、团队，还是产品专利本身。因为并购的代价通常较大，如果只想并购团队、产品专利等，有时候可以不用并购整个公司。当然这里也需要具体问题具体分析，但也必须考虑上述因素，很多多元化并购举措之所以失败，几乎都是因为并购了一个不可持续发展的企业，或者在并购完成以后没有延续标的企业的可持续经营能力。

并购市场繁荣的一个重要原因是出现了卖家，有了卖方，这个市场才能逐步发育起来。中国改革开放四十多年以来，很多企业的第一代管理层已经逐步开始享受退休生活了，企业发展进入接班人上任的阶段，但不同代际的人所面临的市场机遇、所接受的思想教育并不相同，愿意接班家族企业的第二代管理者是少数，因此并购市场就会出现卖方。还有一种情况，即有些企业会转为无实际控制人或者管理层控制的公司。总之，未来中国的并购市场会持续出现卖方。

在 2014 至 2015 年间，中国市场出现了一波并购的高潮，当时正处在股市牛市，上市公司账面股权价值增长很快，通过换股并购的方式比较流行，但也留下了商誉过高等一系列问题，以至于市场退潮时，这些并购项目不断"爆雷"，这是一个深刻的教训。对并购方来说，他们希望花费较小的代价，在股价处于高位的时候完成并购，这样可以通过换股避免股权被稀释；但对被并购方来说，他们希望能拿到尽可能符合预期的收益，一般包括现金加一部分股票。但股票对价的确定是一个双方博弈的过程，如果不引入市值管理的做法，并购可能会存在"体外培育项目后由上市公司高价收购"这种涉及利益输送的道德风险。在引入市值管理以后，上市公司会持续创造价值，在并购换股时就不用考虑股价泡沫大小的问题，因为股价基本能够反映上市公司真实的情况，所以在这套框架下推行并购，相对容易达成交易，否则双方总要纠结定价高低的问题，会增加谈判难度。

5.4 再融资

再融资是我国企业完成上市后获取资金的主要方式之一，包括股权再融资、债券再融资和混合再融资。股权再融资包括股票增发、配股。在进行股权再融资时，企业通过出让公司的部分所有权以兑换资金，未来无需还本付息；投资者通过股权买入和卖出的价差以及分红形式获利。债券再融资主要包括短期融资券、公司债、中期票据等，能够使公司的债务总额增加，进行债券再融资的公

司，未来需要还本付息。混合再融资以可转债债券为主。本节主要
介绍几种常用的再融资工具。

5.4.1　增发股票

股票增发包括定向增发和公开增发，定向增发是指上市公司向
符合条件的少数特定投资者非公开发行股份，公开增发则是向不特
定的对象发行股份。定向增发有两个特点，一是折价发行，二是增
发部分具有锁定期，锁定期内的股票禁止流通。

2009 至 2013 年，中国曾经历过一个定向增发的黄金年代，彼
时定增的 α 收益非常可观，参与其中的投资者收获颇丰，使定增成
为很受资本市场欢迎的事件型投资。2013 年以后，A 股每年大量增
发股票以支持实体经济转型，每年的发行量超过 5 000 亿元，加之
受到 2020 年增发规则变化的影响，定增市场的 α 收益有所下降，
盈利比例跟随股市周期而变化。这跟中国经济的总体特征比较吻
合：在增量市场中，企业也处于增量扩张时期，会通过增发融资扩
大生产，形成企业和投资者共赢的局面；后来，经济发展的增量缩
减，社会进入存量竞争时代，企业发展增速下降，投资者通过增发
获利的难度就会加大。所以，企业要想通过增发来吸引投资者的资
金，一定要考虑这样一个问题：增发所需要的产能提升等投入能否
在一种增量扩张的市场中进行？如果增发是为了补充流动性，其对
投资者的吸引力会大大下降，投资者会认为企业"造血"功能不
足。企业在快速发展阶段的股权是很宝贵的，一般不能轻易稀释，
所以当企业通过增发的方式快速扩张时，所增发的股票份额应该是

稀缺的，这一点和企业在上市前接受风险投资（VC）和私募股权投资（PE）阶段的融资道理是相同的；当企业发展增速下降时，股权融资就没有吸引力了，这时候就要考虑债务融资等其他方式了。如表 5.2 所示，我们统计了 2009 年迄今历年定向增发股票解禁日的盈利比例，因为公开发行股票没有锁定期，所以无法统计其盈利情况。

表 5.2　2009 年至今定增项目的盈利比例统计

年份	定增解禁当日浮盈家数	定增解禁当日浮亏家数	定增解禁当日浮盈比例
2009	19	24	44.19%
2010	46	16	74.19%
2011	57	69	45.24%
2012	36	128	21.95%
2013	55	66	45.45%
2014	145	64	69.38%
2015	280	71	79.77%
2016	304	204	59.84%
2017	248	326	43.21%
2018	152	451	25.21%
2019	124	375	24.85%
2020	221	203	52.12%
2021	286	184	60.85%
2022	231	213	52.03%
2023	182	164	52.60%
2024 年至今	83	182	31.32%

数据来源：根据 Wind 资讯整理。

5.4.2 公司债

公司债券是指公司依照法定程序发行的、约定在一定期限内还本付息的有价证券。它是公司向债券持有人所出具的债务凭证，是企业筹措资金的常用方法之一。

债券的种类有很多种，包括利率债、金融债、信用债等，本书主要论述市值管理和企业经营相关内容，所以此处主要介绍公司债、可转债等债券。公司债是信用债的一种，信用债按发行人是否属于金融企业，可分为金融和非金融信用债两个大类。金融类信用债的发行主体主要是银行、保险和券商，以补充资本的次级债券为主。公司债属于非金融信用债，根据发行主体的不同，公司债又分为产业债和城投债。截至 2024 年 9 月末，我国债券市场的总体结构及各类型债券的规模如图 5.1 所示。

1987 年 3 月，国务院颁布《企业债券管理暂行条例》，该条例规定，企业债券是企业依照法定程序发行、约定在一定期限内还本付息的有价证券，企业债券的发行管理从此被纳入正轨。1993 年，《企业债券管理条例》《中华人民共和国公司法》相继出台，奠定了现代信用债发展的基石。在 2005 年之前，信用债主要由企业债构成，且发行规模较小，发行主体主要是大型国有企业，基本由国有大型银行担保，违约风险很低。2005 年 5 月，中国人民银行颁布《短期融资券管理办法》，完全依赖发行人自身信用偿还的无担保短期融资券问世，为真正的中国信用债市场拉开了序幕。2007 年 8 月，证监会制定并颁布《公司债券发行试点办法》，公司债登上历

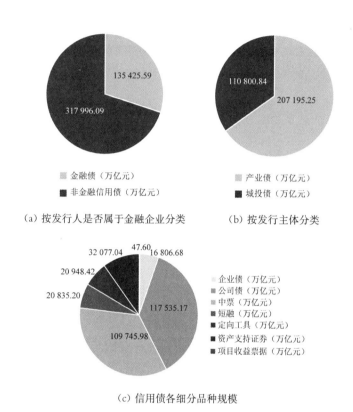

（a）按发行人是否属于金融企业分类　（b）按发行主体分类

（c）信用债各细分品种规模

图 5.1　信用债结构及规模（截至 2024 年 9 月末）

数据来源：根据 Wind 资讯整理。

史舞台。同年 9 月，中国银行间市场交易商协会（以下简称"交易商协会"）成立。2008 年 4 月，交易商协会发布一系列文件，推行中期票据。此后，交易商协会在 2011 年推出非公开定向融资工具，于 2012 年开始允许非金融企业发行资产支持票据，又于 2014 年推出项目收益票据。2012 年 5 月，沪深交易所同时发布《中小企业私募债券业务试点办法》，推出中小企业私募债，作为中国高收益债的试点。2015 年 1 月，证监会发布的《公司债券发行与交易管理办法》将公司债发行主体范围扩大，允许面向合格投资者非公开发行公司债。

如图 5.2 所示，随着中国信用债市场日益发展成熟，信用债的存量规模越来越大，品种也越来越丰富，包括企业债、公司债、短期融资券、中期票据等。截至 2024 年 10 月 8 日，中国信用债存量规模为 45.34 万亿元，包括金融债 13.54 万亿元，以及非金融信用债 31.80 万亿元，可见信用债市场以非金融信用债为主。在非金融信用债中，产业债存量为 20.72 万亿元，城投债存量为 11.08 万亿元。

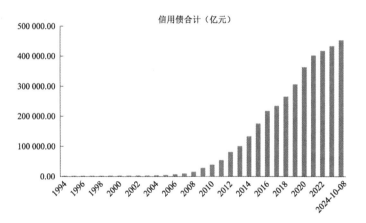

（a）1994 年—2024 年 10 月 8 日我国历年信用债发行规模

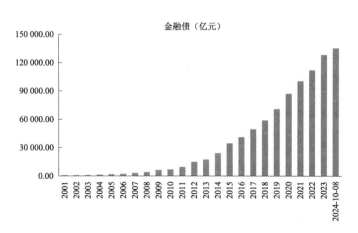

（b）2001 年—2024 年 10 月 8 日我国历年金融债发行规模

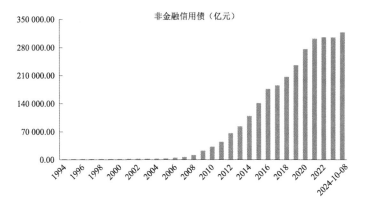

（c）1994 年—2024 年 10 月 8 日我国历年非金融信用债发行规模

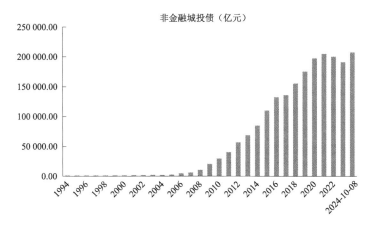

（d）1994 年—2024 年 10 月 8 日我国历年非金融城投债发行规模

图 5.2　我国历年信用债发行规模

数据来源：根据 Wind 资讯整理。

信用即货币，但信用与货币进行交换需要媒介，比如依托一个有公信力的机构或市场来评估信用，上市公司就是这类媒介之一。信用和货币的可交换性主要表现在两个方面：一个是信用产生股票定价，股票定价实际上是企业信用的货币化表现；二是信用可以作为债务融资的依据，股票市场和信贷市场是信用产生货币效应的两种载体而已，本质上是一样的。

在一个机制相对完善的资本市场上，信用就是货币，企业可以通过银行信贷把信用资本化，也可以通过发行公司债来实现信用的资本化。但是发行公司债的难度比银行信贷要高很多。银行信贷可以容忍企业一定的负面舆情（也会存在银行抽贷的情况），只要企业的现金流尚未恶化，且有足够的抵押物就可以满足银行风控的条件，但是公司债券则不同。

我们可以从事物的反面来考虑这个问题。任何事情都有两面性，公司债券也不例外，它一方面是公司实现融资的手段，另一方面也可能是把公司置于深渊的潜在祸端。债券的发行涉及承销投行、监管机构、债券登记机构、清算结算机构、市场化投资机构、个人投资者、研究机构等多类主体，发行债券相当于走向公众视野，属于信用融资，信用投资者对发债主体的信用是极其敏感的，任何有可能损害信用的事件都会引起债券投资者的高度关注。但企业经营不可能是一帆风顺的，总会经历各种波折和困难，而负面舆情引发的债券价格下跌，其影响会波及企业正在进行的其他融资活动、实体业务经营等方面，造成企业发展状况的螺旋式恶化，严重时可能会引发企业破产。所以发债主体要有足够的危机管控能力，以及处理投资者关系的能力，如果这些能力有所不足，就需要从其他方面来弥补。

在过去，我们会经常看到这样一种怪象，即不少发债的民营企业账面上有大量的现金，却还在不断地发债，仿佛账面现金的数字才是维持其资本市场信用的基石，然而，在经济发生波动、企业原来的发展路径被打断、现金流恶化直至"爆雷"时，才发现很多账面数字都是假账。现在，中国的监管部门正在大幅提高企业造假的成本。对发债的企业来说，要想具有足够的能够维持其在资本市场上的信用资产的能力，就要加强各个方面的建设，而不是只寄希望于账面现金来提供足够的信誉支撑，所以从这个角度来看，发行债券对企业的综合要求相当高。中国市场上曾经出现的企业债危机，如华晨集团、康美药业、华夏幸福、广汇集团等案例，都是因为忽视了市值管理中的某一环，在一个危机产生之后形成了连锁反应，导致企业市值螺旋式降低，最终全盘失败，无法挽回。因此企业开展市值管理时，要谨慎评估并使用公司债券这个融资工具。

5.4.3　可转换公司债券

可转换公司债券（以下简称"可转债"）是指债券持有者有权利在规定日期按照约定价格将其转换为标的股票的一种特殊债券。与普通债券相比，可转债有三种特性：债权性、股权性、可转换性。债权性是指可转债在实行债转股之前属于公司债券，公司需按照规定支付利息并到期还本；股权性指可转债在实行债换股后属于公司的普通股股票，投资者成为公司股东，享受与普通股股东一样的权利和地位；可转换性是指可转债能够在转股期内由债券转换成公司的股票。可转换债券本质上是在发行公司债券的基础上额外增加了一份期权，其利率通常低于普通债券。

可转换债券在中国的发展简史

1992—2000 年：起步阶段。1992 年 11 月，我国发行第一支可转债"宝安转债"。

2001—2016 年：初步发展。2001 年 4 月，证监会颁布了《上市公司发行可转换公司债券实施办法》和相关的配套文件，对可转债的发行条件、制度等做出了进一步规范。文件的出台和市场制度的完善推动了我国可转债市场发行规模的扩大。

2017 年至今：成熟阶段。2017 年，我国出台了再融资新规、减持新规，对定增等再融资方式做出了一定限制，上市公司的发债需求提升；同年 9 月，可转债信用申购新规出台，对可转债的申购方式和条款做出了调整，使转债投资更加便捷规范。2017 年以后，可转债发行规模迅速扩大。

可转债对企业来说是一种或有债务，如果企业经营得好，该债务就会转换成股票，成为不用还的钱；如果经营不好，则反之，对投资者来说，可转债是一个盈利下有底、上不封顶的投资工具，是能够在企业和投资者之间找到的一个巧妙平衡。可转债的发行时机非常重要，如果企业希望投资者能转股，或者不想在低价位稀释股

权，可以考虑在股价较低时发行可转债。在股价上涨后，投资者行权卖出股票，相当于在高位做了一笔定增。但如果企业未来有偿还意愿，可转债的票面利率相较于其他债务工具通常来说要低得多，所以对企业来说也是很合算的。2009—2024 年我国历年发行的可转债的票面利率如图 5.3 所示。可转债适合正处在高速发展中的企业，有一定的发行门槛；成熟企业发行可转债的吸引力较弱，主要是因为转股获利空间有限。

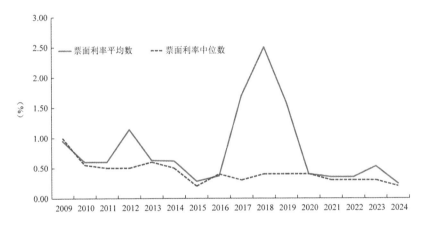

图 5.3　2009—2024 年我国可转债历年票面利率

数据来源：Wind 资讯。

5.4.4　可交换债券

可交换债券（以下简称"可交债"）是由上市公司的股东依法发行，在一定期限内依据约定的条件可以交换成该股东所持有的上市公司股份的公司债券，它本质上是由一个固定收益的债券加上一份标的股票的看涨期权构成的。可转债与可交债的差异在于以下两点：一是发行主体不同，可转债是由上市公司发行的，而可交债是由上市公司股东发行的；二是交易的股份来源不同，可转债转换的是公司未来新发行的股份，而可交债转换的是现有股份。

可交换债券在中国的发展简史

2008—2013 年：起步阶段。2008 年，证监会发布《上市公司股东发行可交换公司债券的规定（征求意见稿）》及《上市公司股东发行可交换公司债券试行规定》。2009 年，国资委下发《关于规范上市公司国有股东发行可交换公司债券及国有控股上市公司发行证券有关事项的通知》，对我国的可交债市场进行了规范。2013 年，国内第一只可交债"13 福星债"发行。

2014—2017 年：迅速发展。2015 年，银行委外投资规模快速增长，可交债作为"固收＋"品种，受到银行资金的青睐；2015—2017 年，可交债发行规模快速增长，2017 年发行规模超千亿元。

2018 年至今：回归平稳。2018 年，资管新规发布，限制了银行资金的委外规模，可交债发行规模回落，除 2019 年发行规模超 800 亿元以外，其余年份均在 300 亿—500 亿元的规模区间。

可交债可以被视为上市公司股东的一种融资行为，也可以被视为一种减持行为。2013—2023 年我国历年发行的可交债的票面利

率见图 5.4，由此可知，可交债的票面利率也是比较低的，其运行理念与可转债有一定的相似之处，一般也需要选择在股价低位发行，这样对投资者才有吸引力。

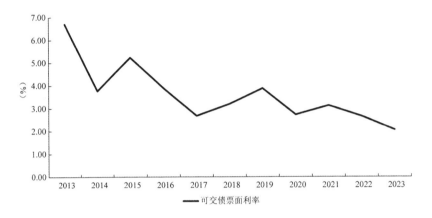

图 5.4   2013—2023 年我国可交债历年票面利率
数据来源：Wind 资讯。

表 5.3 统计了 2014 年迄今我国市场历年公司债、可转债、可交债的发行情况。由此可见，这三大工具在资本市场的使用越来越广泛，相较于银行融资而言，利用资本市场工具来进行融资更能直接体现出企业在信息公开、规范经营以及综合治理等方面的水平。

表 5.3   2014 年至今我国可转债、可交债和公司债发行情况

年份	可转债		可交债		公司债	
	发行规模（亿元）	发行主体数量（个）	发行规模（亿元）	发行主体数量（个）	发行规模（亿元）	发行主体数量（个）
2014	311.19	12	55.6	3	1 407.53	469
2015	93.8	3	179.64	20	10 284.65	880

（续表）

年份	可转债		可交债		公司债	
	发行规模（亿元）	发行主体数量（个）	发行规模（亿元）	发行主体数量（个）	发行规模（亿元）	发行主体数量（个）
2016	203.41	10	578.63	60	27 859.68	2 260
2017	602.83	24	1251.78	93	11 024.74	1 200
2018	1 046.72	76	556.51	38	16 575.65	1 522
2019	2 477.81	106	831.38	62	25 503.63	2 463
2020	2 409.29	203	459.97	41	33 707.45	3 617
2021	2 743.85	127	431.52	34	34 540.74	4 064
2022	2 735.58	153	432.94	38	30 984.84	3 646
2023	1 405.74	138	333.16	28	38 553.95	4 863
2024至今	349.2	40	275.8	12	31 230.78	3 736

数据来源：Wind 资讯。

5.5 分红、送配与转增

　　分红是股份公司在盈利后每年按股票份额的一定比例支付给投资者的红利，是上市公司对股东的投资回报。分红有多重形式，主要包括现金股利、股票股利和转增股本。

　　赵鑫露等（2019）指出，送股政策亦称"派股"，即股份有限公司向股东赠送股份。主要包括：（1）股份有限公司通过股利分配方式向股东送股；（2）股份有限公司通过任意公积金或盈余公积金的分配向股东送股；（3）股份有限公司通过资产评估增值向股东送股。

转增股政策是指公司将资本公积或盈余公积转化为股本。转增股本并没有改变股东的权益，却增加了股本规模，因而客观结果与送红股相似。

分红、送配和转增都属于回报投资者的方式，具体选择哪种方式，要看上市公司的需求。一般来讲，上市公司的发展阶段和持股主体的性质会影响其分红方式。对正处在快速发展阶段中的上市公司而言，因为其资本开支较大，所以在分红的时候要尽可能地减少现金付出，一般采用转增股本和送股的方式，这有利于公司扩大股本，引入更多投资者，同时对高价股来说，可以降低其持股门槛，增加股票交易的活跃性。

在中国资本市场早期，有相当多的公司热衷于进行高送配，而很少进行现金分红。彼时的资本市场对高送配有浓厚的兴趣，投资者也会热炒此概念，但随着"审美疲劳"以及后续高送配的减少，这种分红方式对股价的刺激效果已经有所减弱，但从长期来看，它仍是回报投资者的一种不错的选择。另一方面，经营稳定、新增资本开支较小的公司是有条件把赚取的现金进行分红的，对民营企业来说，凡是实际控制人以个人主体持股的上市公司，都倾向于采用现金分红方式，因其在持股超过一年以后分红，可以免交个人所得税（见 2015 年财政部、国家税务总局和证监会联合发布的《关于上市公司股息红利差别化个人所得税政策有关问题的通知》〔财税〔2015〕101 号〕："个人从公开发行和转让市场取得的上市公司股票，持股期限超过 1 年的，股息红利所得暂免征收个人所得税。"），成本非常低，实际控制人可以用这种方式增加个人名下的现金；而实际控制人以法人持股的公司就需要综合考虑其分红成本。

表 5.4　2009—2023 年沪深上市公司现金分红公司中自然人持股公司占比

年份	上市公司公司总数	现金分红公司数量	现金分红公司实控人自然人持股的公司数量	占比
2009	1 696	951	185	19.45%
2010	2 041	1 244	335	26.93%
2011	2 320	1 534	511	33.31%
2012	2 472	1 703	574	33.71%
2013	2 468	1 775	583	32.85%
2014	2 592	1 865	676	36.25%
2015	2 808	1 963	823	41.93%
2016	3 034	2 415	1 067	44.18%
2017	3 467	2 806	1 349	48.08%
2018	3 564	2 690	1 273	47.32%
2019	3 750	2 806	1 314	46.83%
2020	4 111	3 176	1 602	50.44%
2021	4 663	3 419	1 768	51.71%
2022	5 037	3 479	1 821	52.34%
2023	5 324	3 887	2 031	52.25%

数据来源：根据 Wind 资讯整理。

从表 5.4 可以看出，2015 年 101 号文件出台以后，在所有沪深上市的现金分红公司中，实控人自然人持股的比例有明显上升，到 2023 年，这一比例已经上升到 52.25%。由于该文件并没有说明其所针对的是哪个板块的上市公司，因此，所有在沪深交易所、北交所、"新三板"挂牌的公司都适用该文件。如表 5.5 所示，2015 年，在北交所上市的现金分红公司中，实控人自然人持股的比例大幅增加，达到 72.41%，此后该比例连年上升。这种趋势在"新三板"上市公司中也表现得非常明显，如表 5.6 所示，从 2015 年开始，该比例上升到 68.88%，此后逐年上升，于 2023 年稳定在 80% 左右。这足以说明 101 号文件对上市公司的分红政策产生的巨大影响。

表 5.5　2012—2023 年北交所上市公司现金分红公司的自然人持股公司占比

年份	现金分红公司数量	现金分红公司实控人自然人持股的公司数量	占比
2012	2	1	50.00%
2013	6	0	0.00%
2014	25	14	56.00%
2015	58	42	72.41%
2016	98	76	77.55%
2017	120	97	80.83%
2018	146	116	79.45%
2019	148	121	81.76%
2020	173	146	84.39%
2021	168	138	82.14%
2022	179	149	83.24%
2023	219	177	80.82%

数据来源：根据 Wind 资讯整理。

表 5.6　2009—2023 年"新三板"上市公司现金分红公司的自然人持股公司占比

年份	现金分红公司数量	现金分红公司实控人自然人持股的公司数量	占比
2009	12	5	41.67%
2010	20	12	60.00%
2011	19	12	63.16%
2012	29	18	62.07%
2013	99	28	28.28%
2014	264	164	62.12%
2015	527	363	68.88%
2016	936	699	74.68%
2017	1 201	926	77.10%
2018	1 532	1 215	79.31%
2019	1 469	1 160	78.97%
2020	1 640	1 324	80.73%
2021	1 596	1 291	80.89%
2022	1 759	1 378	78.34%
2023	1 930	1 534	79.48%

数据来源：根据 Wind 资讯整理。

第 6 章

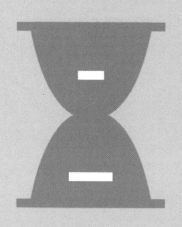

监管政策发展历程

本章对市值管理监管政策的发展历程做了归纳和总结，以此说明市值管理在我国资本市场中由来已久，且政府监管部门一直鼓励合规的市值管理。当前，一种适于市值管理广泛并深入发展的土壤正在形成。

市值管理作为资本市场的衍生概念，其社会认知经历了一个逐步深化的过程。根据我们检索的相关资料，在中国证券市场发展的早期阶段，并没有出台市值管理相关的官方文件，那时的市场以野蛮生长为主，秩序尚未建立，市场行为大都是自发形成的。直至上海证券交易所成立 15 年后，政府和监管部门才首次在正式文件中提及市值管理的概念。

6.1 股权分置改革

2005 年 9 月，国务院国有资产监督管理委员会（以下简称"国务院国资委"）发布《关于上市公司股权分置改革中国有股股权管理有关问题的通知》，文件提出："对上市公司国有控股股东进行业绩考核时，要考虑设置其控股的上市公

> 司市值指标。"但彼时并未强制要求对市值进行考核。
>
> 　　股权分置是指 A 股市场上的上市公司股份，根据能否在
> 证券交易所上市交易，被区分为流通股和非流通股。流通股
> 的主要成分为社会公众股，非流通股大多为国有股和法人
> 股。这是我国经济体制转轨过程中形成的特殊问题。当前，
> 股权分置已不能适应我国资本市场改革开放和稳定发展的
> 要求。

　　股权分置改革是中国资本市场发展历程中的大事，笔者亲历了那一段历史，见证了从 2005 年上证指数 998 点开始，一直到 2007年 9 月，其间轰轰烈烈持续两年的股市牛市。这场牛市受到了股权分置改革、中国宏观经济向好、汇率改革等多重因素叠加的影响，其中，股权分置改革尤为关键，它扫除了抑制股市上涨的因素，使得大非（大股东）开始真正重视股票市值的重要性。虽然整个股市都经历了两年大牛市，但进行股权分置改革的公司更受市场关注，涨幅往往也较大。在股权分置改革实施的前五年，市场对此展开了激烈的讨论，认为股权分置改革会大幅增加股票市场的供给量，从而对股市构成压力，但从最后的结果来看，大股东对价的存在，加之诸多宏观因素的叠加，使得 2005 年成为解决股权分置问题的绝佳时点，就这一点而言，不得不佩服我国政府的治理智慧。

6.2 市值管理相关政策文件

从 2005 年到 2014 年，在中间近 10 年的时间里，官方没有在正式文件中提及市值管理，但支持资本市场建设的相关文件屡屡出台。

2012 年 8 月，国家发展改革委、科技部、财政部、人民银行税务总局、银监会、证监会、保监会、外汇局、北京市人民政府发布《关于中关村国家自主创新示范区建设国家科技金融创新中心的意见》，文件提出："支持科技企业利用资本市场进行兼并重组。完善企业并购重组公共服务体系，引导上市公司加强市值管理，提供信息、政策协调、中介服务、人才支持等公共服务。支持科技企业借助并购贷款、并购基金等多种并购融资工具开展兼并收购。"

从 2014 年开始，我国政府开始在各类文件中显著提高了对市值管理的关注度。2014 年 5 月，国务院发布《关于进一步促进资本市场健康发展的若干意见》（"国九条"），市值管理首次被正式写入国家顶层设计文件，文件中明确"鼓励上市公司建立市值管理制度，完善上市公司股权激励制度，允许上市公司按规定通过多种形式开展员工持股计划"。随后，在各省的文件中陆续出现了关于市值管理的提法。

　　2014 年 8 月，《云南省人民政府关于进一步促进资本市场健康发展的实施意见》发布。文件提出要"引导上市公司完善市场化经营机制，建立健全市值管理制度和股权激励制度。促进上市公司提高经营效益，增强持续回报投资者能力"，"探索在国有控股上市公司建立市值管理制度和股权激励制度，推动国有上市公司绩效考核制度改革"。

　　2014 年 9 月，《关于本市进一步促进资本市场健康发展的实施意见》提出要"积极探索上市公司市值管理及相关考核评价体系，鼓励上市公司多形式开展股权激励和职工持股计划"。

　　2014 年 11 月，广东省人民政府发布《关于深化省属国有企业改革的实施方案》的通知，文件提出要"完善中长期激励机制，探索以企业经济效益的增量部分作为企业负责人激励来源的激励机制，鼓励国有控股上市公司开展市值管理和股权激励计划试点，支持二级及以下竞争性企业尤其是创新型、科技型企业探索增量奖股、期股期权、虚拟股权、岗位分红权等多种激励途径"。

　　从 2015 年起，各大交易所、证监会以及各级地方政府陆续开始密集出台关于市值管理的政策文件，从各个管理层级、各个角度对市值管理提出更为具体的要求（表 6.1）。

表 6.1　2015 年迄今政府机构及各大交易所发布的市值管理相关文件及要闻

时间	单位	文件或要闻	相关内容
2015 年 9 月	深交所	《深交所董秘信息披露实用手册》	文件在第十一章"投资者关系管理"的第三节"投资者关系日常维护"中，明确了市值管理的主要目的、市值管理的核心、上市公司开展市值管理的注意事项与"高压线"
2015 年 9 月	山西省人民政府	《山西省人民政府办公厅关于加快我省多层次资本市场发展的实施意见》	文件提出要"加大上市公司再融资和并购重组力度。提高上市公司质量。促进上市公司及控股股东提升市值管理意识，完善上市公司股权激励计划，促进上市公司实施职工持股"，"鼓励上市公司采取增发、配股、发行优先股、公司债券、可转换债券等方式扩大再融资规模"
2015 年 12 月	湖北省人民政府	《省人民政府关于武汉城市圈科技金融改革创新的实施意见》	文件提出要"鼓励上市公司建立市值管理制度，并通过增发、配股、发行公司债等方式开展再融资"
	福建省人民政府	《福建省人民政府关于进一步扩大直接融资规模的若干意见》	文件提出"鼓励上市企业建立市值管理及相关考核评价体系，开展多种形式的股权激励和职工持股计划"
2016 年 8 月	北京市人民政府	《北京市人民政府关于市属国有企业发展混合所有制经济的实施意见》	文件提出"支持国有资本投资运营公司直接持有上市公司国有股权，通过股权运作、市值管理、有序进退等方式，促进国有资本合理流动"
2016 年 10 月	证监会	要闻《证监会积极应对新媒体时代执法挑战 坚决打击编造传播证券期货虚假信息行为》	证监会表示将"全面关注其中是否存在任何操纵市场、伪市值管理、利益输送等行为，扎实贯彻落实'依法监管、从严监管、全面监管'的工作要求"

（续表）

时间	单位	文件或要闻	相关内容
2018 年 11 月	上交所	《上海证券交易所上市公司高送转信息披露指引》	文件主旨明确，指出要进一步加强监管约束，抑制公司利用高送转开展不当市值管理的行为，保护中小投资者不被"割韭菜"
2019 年 11 月	重庆市人民政府	《重庆市人民政府办公厅关于深化区县国企国资改革的指导意见》	文件提出要"培育发展一批企业改制上市，实现资产证券化。已上市公司要加强市值管理，在资本市场融资推动企业高质量发展，提高资产证券化率"
	国务院国资委	《国务院国资委关于以管资本为主加快国有资产监管职能转变的实施意见》	文件提出，要完善考核指标体系，充分发挥考核导向作用；要优化国有资本经营预算的收益与支出管理，更多体现出资人调控要求；要加强上市公司市值管理，提高股东回报，进一步促进国有资本保值增值
2020 年 6 月	山西省人民政府	《山西省人民政府办公厅关于加快省属国有企业"腾笼换鸟"促进国有资本优化布局的实施意见》	文件提出上市公司要"以市场化方式发现国有资产价值，可通过市值管理、适当减持、市场化募资等多种方式直接获取收益，避免国有资产流失或损害中小股东权益"
2021 年 6 月	浙江省人民政府	《浙江省人民政府办公厅关于印发浙江省国资国企改革发展"十四五"规划的通知》	文件提出要"支持各级国有控股上市公司开展资本市场再融资，优化上市公司股权结构和债务结构。推动具备条件的上市公司加强市值管理，探索将上市公司市值管理纳入考核体系"
2021 年 7 月	证监会	要闻《证监会严厉打击操纵市场、内幕交易等证券违法活动》；要闻《证监会集中部署专项执法行动依法严厉打击证券违法活动》	证监会表示要加大对以市值管理之名行操纵市场之实等违法行为的打击力度，"坚决贯彻'零容忍'方针，集中调配稽查执法力量，创新调查组织模式，坚持全链条打击，坚持全方位追责，持续保持对证券欺诈、造假、'伪市值管理'等各类证券违法行为的高压态势，强化执法震慑，净化市场生态，促进资本市场健康稳定发展"

（续表）

时间	单位	文件或要闻	相关内容
2021 年 12 月	湖北省人民政府	《省人民政府关于印发湖北省金融业发展"十四五"规划的通知》	文件提出要"督促国有上市公司科学界定各治理主体的责权边界，形成以管资本为主的国有资产监管体制，建立国有上市公司市值管理激励约束机制"
2022 年 5 月	国务院国资委	《提高央企控股上市公司质量工作方案》	文件提出，"鼓励中央企业探索将价值实现因素纳入上市公司绩效评价体系，建立长效化、差异化考核机制，引导上市公司依法合规、科学合理推动市场价值实现，避免单纯以市值绝对值作为衡量标准，严禁操纵股价"
2024 年 1 月	国务院国资委产权管理局	国务院新闻办就聚焦增强核心功能、提升核心竞争力更好实现中央企业高质量发展举行发布会	国务院国资委产权管理局负责人谢小兵表示：前期，已经推动央企把上市公司的价值实现相关指标纳入上市公司的绩效评价体系，在此基础上，将把市值管理成效纳入对中央企业负责人的考核
	国务院国资委	2024 年中央企业、地方国资委考核分配工作会议	会议提出，各中央企业要更加突出精准有效，推动"一企一策"考核全面实施，全面推开上市公司市值管理考核
2024 年 3 月	证监会	《关于加强上市公司监管的意见（试行）》	文件提出要"严厉打击财务造假、侵占上市公司利益、违规减持、'伪市值管理'等违法犯罪"，"引导上市公司密切关注市场对公司价值的评价，积极提升投资者回报能力和水平。制定上市公司市值管理指引，明确统一的监管要求。要求上市公司建立提升投资价值长效机制，明确维护公司市值稳定的具体措施。研究将上市公司市值管理纳入企业内外部考核评价体系，逐步完善相关指标权重，发挥优质上市公司风向标作用"

（续表）

时间	单位	文件或要闻	相关内容
2024 年 3 月	上交所	《关于开展沪市公司"提质增效重回报"专项行动的倡议》	文件倡导"加强市值管理，积极开展股份回购，鼓励回购注销"
2024 年 4 月	国务院	《国务院关于加强监管防范风险推动资本市场高质量发展的若干意见》（新"国九条"）	文件中明确提出要"推动上市公司提升投资价值。制定上市公司市值管理指引。研究将上市公司市值管理纳入企业内外部考核评价体系。引导上市公司回购股份后依法注销。鼓励上市公司聚焦主业，综合运用并购重组、股权激励等方式提高发展质量。依法从严打击以市值管理为名的操纵市场、内幕交易等违法违规行为"
2024 年 10 月	中国人民银行、金融监管总局、证监会	《中国人民银行 金融监管总局 中国证监会关于设立股票回购增持再贷款有关事宜的通知》	文件提出"中国人民银行设立股票回购增持再贷款，引导金融机构向上市公司和主要股东提供贷款，贷款资金坚持'专款专用，封闭运行'，分别支持其回购和增持上市公司股票，推动上市公司积极运用回购、股东增持等工具进行市值管理"
2024 年 11 月	证监会	《上市公司监管指引第 10 号——市值管理》	文件提出"上市公司应当立足提升公司质量，依法依规运用各类方式提升上市公司投资价值"，并给出若干条对市值管理的指引意见

资料来源：公开资料。

　　从历年出台的文件数量来看，政府越来越重视市值管理，这也与我国经济转型趋势和政府负债率、资产证券化率的逐年提升有很大的关联（图 6.1）。证券市场作为实体资产价值和表现的映射，近年来其规模占 GDP 的比例（资产证券化率）已经达到 60%（图 6.2），成为国民财富积累过程中不可忽视的力量。作为一种财富贮藏手段，证券市场的有序健康发展有利于充分保护中国改革开放四十余年间创造的财富。在历年发布的监管和政策文件中，都没有出现否定市值管理的表述，实际上，监管对合规合法的市值管理始终持鼓励态度，其所打击的从来都是以市值管理为名、行内幕交易和操纵股价之实的违法行为。市值管理作为一种管理资本的方法论，只要符合社会发展的价值观，就应该被充分利用以服务社会。

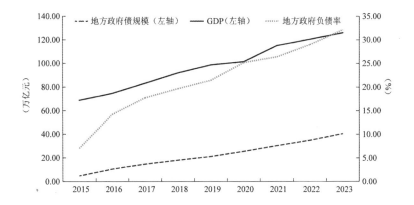

图 6.1　2015—2023 年我国地方政府债规模、GDP 与地方政府负债率

数据来源：Wind 资讯。

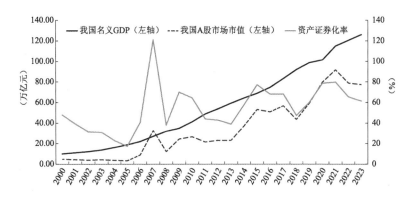

图 6.2　2000—2023 年我国名义 GDP、A 股市值和资产证券化率

数据来源：Wind 资讯。

自 2024 年以来，国务院国资委、国家金融监督管理总局（以下简称"金融监管总局"）、证监会及各大交易所，相继下发多个支持乃至要求企业开展市值管理的文件，充分体现了市值管理在当前形势下的迫切性。2024 年 9 月，证监会下发《上市公司监管指引第 10 号——市值管理（征求意见稿）》，并于同年 11 月正式发布《上市公司监管指引第 10 号——市值管理》，以部门行政文件的形式进一步规范市值管理的细则，文件提出"上市公司应当立足提升公司质量，依法依规运用各类方式提升上市公司投资价值"，并给出若干条关于市值管理的指引意见，正式拉开了轰轰烈烈的市值管理的序幕。

如果说，2013 至 2015 年间民营企业对市值管理的初步尝试在一定程度上助推了牛市的形成，那么展望未来，在国有企业和民营企业全面推行市值管理的背景下，中国股市在制度建设方面将具备发展长期牛市的基础。由于国有企业天然具有开展市值管理的优势，以及长期可持续发展的潜力，因此这一轮牛市不会像过去一样很快结束，因为股市已经和中国的债券市场、货币市场、实体经济等要素深刻地捆绑在一起，成为关系国计民生、稳定中国乃至世界经济的重要力量。

第 7 章

市值管理经典案例

本章列举了华润集团、丹纳赫、博通和宝洁四个具有代表性的案例，以体现市值管理在不同行业中的应用和发展。华润集团是中国央企中较早引入市值管理概念的公司，其在多业务、多品牌的管理以及与资本市场的互动方面都具有示范意义。丹纳赫是一家通过并购发展壮大的美国公司，其独特的 DBS 系统成为企业不断做大做强的方法论；博通则是美国芯片行业中依靠并购逐步发展起来的公司，曾多次创造以小博大的商业奇迹，收录这两个依赖并购进行市值管理的案例，对今天中国企业提升行业运营效率、走出海外都有深刻的借鉴意义。宝洁是消费品行业的代表性企业，本章对其品牌管理、营销管理和组织管理进行了复盘，希望能对国内的消费品企业有所启发。

7.1 案例 1：华润集团

7.1.1　公司概况及业务布局

华润集团是中国大型的多元化企业集团之一，成立于 1938 年，前身是以促进中国内外贸易为主要任务的"联合行"，后逐渐发展成为综合性企业集团。公司总部位于香港。华润集团的业务领域涵盖消费品、综合能源、城市建设与运营、大健康、产业金融、科技和新兴产业等多个行业，体现了集团在国民经济和民生领域的全面布局。

目前，华润集团下设 25 个业务单元和两家直属机构，拥有 3 000 多家实体企业，旗下共有 8 家香港上市公司和 9 家内地上市公司。如图 7.1 所示，集团在多个领域处于行业领先地位，包括消费领域的华润啤酒和华润万家、能源领域的华润电力、医药健康

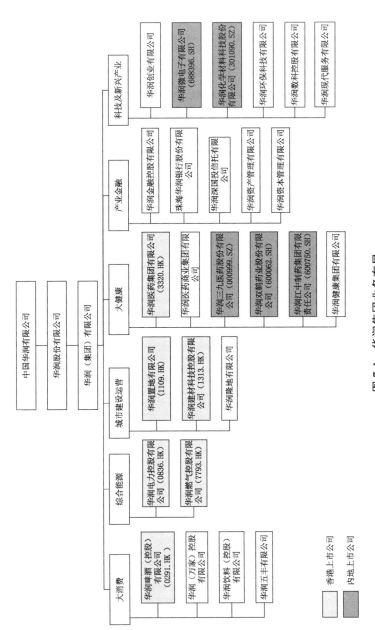

图 7.1　华润集团业务布局

资料来源：华润集团公司官网。

领域的华润医药等。华润集团致力于推动创新与可持续发展，助力经济繁荣和社会进步。2023 年，华润集团总资产规模突破 2.6 万亿元，较年初增长 13.9%；实现营业收入 8 932 亿元，同比增长 9.1%；利润总额 881 亿元，同比增长 5.4%。

（1）大消费板块

华润自 20 世纪 80 年代开始布局大消费板块，该板块下设华润啤酒、华润万家、华润饮料和华润五丰。华润啤酒旗下有雪花、勇闯天涯、花脸等 10 个品牌，其中，雪花品牌是全球销量最高的单一啤酒品牌，截至 2024 年，雪花连续 16 年位居中国市场销量第一，在中国内地经营啤酒厂 65 间，年产能突破千万千升。华润万家是中国知名连锁超市，截至 2023 年 1 月，其自营门店总数超过 3 300 家，覆盖 112 个地级以上城市，实现销售近 800 亿元，注册会员数量达 7 000 万。华润饮料旗下拥有怡宝、本优、至本清润、佐味茶事等 13 个品牌，59 个 SKU，覆盖包装饮用水、茶饮料、果汁类饮料、运动饮料等品类，其中，截至 2023 年，怡宝连续 12 年在中国饮用纯净水市场保持排名第一，2023 年售出逾 146 亿瓶怡宝品牌水产品。华润五丰是一家集食品研发、生产、加工、运输和批发零售于一体的综合食品企业，旗下拥有五丰、五丰上食、五丰黎红等 8 个知名品牌，其中花椒油和直条米粉全国市占率第一。

（2）综合能源板块

综合能源板块是集团的核心业务之一，主要涵盖电力、煤炭、天然气等多个能源领域。华润集团于 20 世纪 90 年代开始涉足电力行业，2001 年成立华润电力，此后综合能源板块以华润电力为主要平台，专注于新能源和传统能源的开发、建设、运营与管理。截至 2024 年上半年，华润电力业务覆盖中国 31 个省、自治区、直辖市和特别行政区，发电运营权益装机容量 62 758 兆瓦，可再生能源权益装机占比 39.3%。除华润电力以外，华润燃气也是华润综合能源板块的重要业务单元，是中国最大城市燃气运营商之一，截至2024 年，年销气量 400 亿立方米，服务用户近 6 000 万户。

（3）城市建设运营板块

华润集团于 1994 年开始涉足城市运营建设板块，该板块下的子公司华润置地是业内领先的城市投资开发运营商，业务涵盖住宅、公寓、购物中心、写字楼、酒店、商业运营、物业管理、长租、产业地产、代建代运营、康养等领域。华润建材科技是华南地区颇具规模及竞争力的水泥、熟料和混凝土生产商，业务包括基础建材、结构建材、功能建材和新材料，旗下拥有基础建材及结构建材业务统一品牌润丰和功能建材业务统一品牌润品。华润隆地是一家综合性企业，业务涵盖商业物业设计、建造、出租和运营，酒店业务管理与拓展，高端珠宝首饰、服装及工艺品零售，以及海外投资管理等，经营管理木棉花、米兰花酒店共 12 家，以及泰国 Conrad 酒店、香港 St. Regis 酒店。

（4）大健康板块

大健康是华润集团旗下的一个重要板块，其下设有华润医药、华润医药商业、华润三九、华润双鹤、华润江中和华润健康 6 个子公司。华润于 2007 年开始布局大健康板块，在整合东阿阿胶、家园集团医药资源的基础上，在香港成立了华润医药集团有限公司，业务覆盖医药及保健产品的生产、分销及零售。华润医药商业、华润三九、华润双鹤和华润江中均隶属于华润医药旗下。其中，华润医药商业专注于探索药诊康综合体药房，提供智慧检测、线上问诊、慢病管理等综合服务，积极布局 DTP 等专业药房，其统一零售品牌德信行提供高端特药产品，直接服务消费者。华润三九是以"自我诊疗＋中药处方药"为特色的药品平台，旗下拥有 999 感冒灵、999 澳诺、999 皮炎平、三九胃泰、999 小儿感冒药等过百个产品。华润双鹤深耕慢性病、输液、儿科、肾科、精神/神经等领域，搭建了普仿药、输液、差异化药和创新药四大平台，其旗下拥有 0 号、冠爽、压氏达、穗悦、糖适平、BFS 输液、珂立苏等重点产品。华润江中致力成为"中医药传承与创新的引领者""家中常备药的践行者"，布局 OTC、大健康、处方药，主要产品有健胃消食片、乳酸菌素片、草珊瑚含片、参灵草等。华润健康是国内具有影响力的医疗健康服务平台，旗下拥有超过 196 家医疗机构。

（5）产业金融板块

2006 年，华润集团提出"6 + 1"布局，即在原有的六大产业的基础上增加金融业务。华润集团的金融业务主要集中在资本运营和金融服务领域，旨在通过金融手段支持集团旗下的各类产业发展，并提升整体资本运营效率。产业金融板块依托华润资本和华润银行等平台，涵盖股权投资、资产管理、融资租赁、金融衍生品等多个领域，形成了完善的金融服务体系。截至 2024 年 9 月 30 日，华润银行总资产规模已超 4 000 亿元，致力于打造粤港澳大湾区特色商业银行。截至 2023 年末，华润信托的资产管理规模突破两万亿元，华润资产累计重组资产规模已达到 580 亿港元。

（6）科技及新兴产业板块

华润于 2021 年将科技及新兴产业拆分出来，形成一个独立板块，该板块主要聚焦于数字科技服务和创新技术应用，下设华润创业、华润微电子、华润化学材料、华润环保、华润数科和华润现代服务6个子公司。华润创业旗下拥有华润物流、华创建投、太平洋咖啡和智信科技等业务，下设华润科学技术研究院，致力于推动海内外先进科研成果的转化。华润微电子是国内领先的半导体企业，拥有晶片设计、晶圆制造、封装测试等。华润化学材料聚焦食品级PET、新材料两大业务，其生产的食品级PET年产能210万吨，位居全国第三、全球第五。华润环保聚焦区域综合治理、环境资源化和环境大数据业务，深耕黄河流域市场，在全国拥有106家全资或控股企业、2只基金。华润数科专注于提供数字科技服务，旗下拥有1个国家级跨行业跨领域工业互联网平台、1个国家级数字化智库、9个创新实验室。华润现代服务致力于成为在香港和内地具有重要市场影响力的现代服务业领先企业，它们提供了涵盖供应链服务、企业综合服务、科创服务在内的多元业务组合。

华润集团各个板块拆分后的历年收入如下表7.1所示。

表7.1　2014—2023年华润集团按板块业务拆分后的收入情况（亿元）

年份	消费品及医药	能源	房地产及金融	水泥	制造业	其他*
2014	2 373	785	791	258	219	189
2015	2 657	812	977	210	171	−15
2016	2 805	857	1 031	221	180	−61
2017	2 993	982	1 126	261	223	−30
2018	3 058	1 111	1 327	336	250	3
2019	3 205	1 126	1 644	352	210	6
2020	3 023	1 115	2 051	356	210	106
2021	3 127	1 372	2 330	359	235	292
2022	3 522	1 772	2 320	289	296	−37
2023	3 599	1 861	2 762	256	299	132

*业务板块中包含内部抵消项，内部抵消项为发行人合并报表时，需抵消的下属公司之间交易产生的收入或成本。故该项有可能是负数。

数据来源：华润集团票据说明书。

7.1.2　历史沿革

1. 第一阶段（1938—1952）：从"联合行"到华润公司

1938 年，华润的前身"联合行"在香港成立。1938 至 1952 年期间，在党中央的直接领导下，华润负责打通香港与内地贸易通道，接管在港贸易机构。1948 年末，"联合行"改组扩大，更名为华润公司，成为私人合伙无限公司，归属中共中央办公厅领导。1949 年、1950 年和 1952 年，党中央以华润公司为基础，先后三次将德信行、五丰行等中资驻港贸易机构划归华润公司集中领导，形成了华润初代集团型运作的组织形式。

2. 第二阶段（1953—1982）：全国贸易总代理

1952 年，华润成为 14 家外贸出口公司在香港的贸易总代理，推动我国外贸出口工作有序展开。1954 年，华润协助外贸部创建了新中国的外贸秩序，包括建立进出口贸易规则、出口商品检验标准、贸易合同范本、海关报关手续等。1980 年底，在外贸部的建议下，华润特别成立了省市联络部，培养了大批掌握国际规则的贸易人才。此后，华润开始由代理贸易向自营贸易转型。

3. 第三阶段（1983—2000）：自营贸易实业化

改革开放以后，华润逐渐失去贸易总代理的地位和优势，发展自营业务是当时的唯一出路。1983 年 7 月，华润公司正式改组为华润（集团）有限公司，自此华润正式建立现代企业制度。随后，华润开始建立以股权为纽带的子公司管控模式，总部设立了企发部、财务部、人事部、审计部等职能部门，统筹调配集团资源和管理人才队伍，并对子公司开展监督。

20世纪90年代，华润率先进入香港资本市场。1992年，华润的自营贸易总额首次超过代理贸易总额，集团及其子企业的实业投资项目达到342个，投资总额78亿港元。同年，华润以8亿港元将百适货仓和沙田冷仓注入上市公司永达利，持股51%，成为控股股东，并将其更名为华润创业有限公司。继华润创业之后，华润充分利用香港资本市场的优势，进军零售、房地产、电力、基础设施等领域，陆续孵化出华润置地、华润电力、华润水泥等上市公司。

在华润逐渐发展成为多元化企业集团过程中，董事会发现公司存在三大风险：一是集团附属企业交叉经营，主业不清晰；二是快速扩张导致华润附属企业关系网复杂，管理困难，且部分附属企业对外无序借款，存在破产风险；三是新技术和新经营模式颠覆了中国纺织业格局，纺织业务在过去是华润的主要盈利来源，现已逐步成为亏损大户。于是在1995年8月，华润集团对业务开展彻底清查，剥离高风险、高投入、低利润的业务。在随后的两年间，华润集团共撤销附属企业236个，精简人员近2 000人，将旗下子公司依据业务领域合并精简为6个，实现了业务与各大进出口公司的完全脱钩。

4. 第四阶段（2001—2020）：多元化产业集团

2001和2005年，华润相继提出"再造一个华润"和"再造一个新华润"的战略目标。在这一时期，华润决定培育主营业务，在细分领域争取头部地位，以并购手段完成垂直整合，迅速形成规模。

2001年，华润电力收购外资在华电厂。2002年，华润水泥重组水泥、混凝土业务，进行专业化发展；同年，华润并购万佳百货，建立零售产业发展平台；9 月，华润集团收购华晶电子集团，并将其更名为无锡华润微电子有限公司。2003 年，华润电力在香港上市，与此同时，华润出售石化业务，进军内地管道燃气市场。2005 年，华润整合内部房地产业务，将北京华润大厦、华润上海、华润深圳三家公司及其持有的商业资产注入华润置地，华润置地由住宅发展商转变为地产发展商。2006 年，华润重组华源、三九，建立华润医药。2006 年，华润相继收购深国投、珠海商业银行，开始涉足金融业务。2007 年，华润收购华源雷迪斯，并将其更名为华润聚酯，华润正式进入化学材料行业。

经过两次"再造华润"以及十余年间持续、大规模、多元化的扩张，华润布局了大消费、大健康、城市建设与运营、能源科技、科技与金融五大领域，并在啤酒、燃气、零售、医药、地产、电力等多个领域取得了领先地位。

5. 第五阶段（2021 年至今）：国有资本投资公司

2021 年 11 月，华润集团将科技及新兴产业拆分为独立板块，即将旗下原有的五个业务板块扩充为大消费、综合能源、城市建设运营、大健康、产业金融、科技及新兴产业六大行业领域。2022 年 6 月，在国务院国资委对国有资本投资公司试点改革进行全面评估后，华润集团被列为首批转型为国有资本投资公司的中央企业。进入"十四五"时期，华润集团加快了从以实业为基础的多元化产业集团向以"管资本"为主的国有资本投资公司转型的步伐，不断强化多元化、差异化管控的能力。同时，华润不断强化管理层市场化激励约束机制的建设，自 2020 年以来，华润累计有 10 家业务单元实施股权激励、战略配售、员工持股、科技型企业项目分红等多种形式的激励计划。

7.1.3　公司治理

华润集团与华润股份和中国华润共同构建了三层控股结构。华润集团负责旗下多项业务的具体运行管理，是实质上的管理核心。

华润采用战略型母子公司管控模式。集团总部不负责具体的业务运作，各个板块的经营交由下属的子公司完成。集团总部的部门设置相对简单，仅包括 13 个职能部门。作为一家多元化控股企业，华润集团将旗下业务分为六大单元，分别为：大消费、综合能源、城市建设与运营、大健康、产业金融以及科技与新兴产业。大消费板块包括四家公司，分别为华润啤酒（香港上市）、华润万家、华润饮料以及华润五丰；综合能源板块包括华润电力和华润燃气，两者均在香港上市；城市建设与运营板块包括华润置地、华润建材以及华润隆地，前两家为香港上市企业；大健康业务作为华润集团规模较大的业务版块，旗下包括一家香港上市公司——华润医药集团，以及三家内地上市公司——华润三九、华润双鹤和江中制药；科技与新兴产业版块主要包括两家半导体上市公司，分别为华润微电子和华润化学材料。

由于华润业务条线多样，为了方便管理，1993 年，华润集团建立了 6S 管理体系（图 7.2）。6S 管理体系包括战略规划体系、业绩评价体系、内部审计体系、经理人考评体系、管理报告体系和商业计划体系。在 6S 管理体系的指导下，华润集团的多元化业务在管理中更加清晰有序，从上至下的管理流程也更加扁平，管理层可以第一时间获取管理信息，从而有力地促进了集团部门战略管理能力的提升和战略导向型组织的构建。战略导向是 6S 体系的核心，该体系的搭建可以帮助管理者完成企业战略制定、战略实施以及战略复盘的全过程。

图 7.2　华润集团 6S 管理体系

数据来源：华润集团公司官网。

7.1.4　财务分析

近 10 年来，华润集团财务业绩稳健，营业收入与利润实现了稳定增长。如图 7.3 所示，其营业收入从 2014 年的 4 614 亿元增长至 2023 年的 8 909 亿元，复合增速为 6.8%；净利润从 256 亿元增长至 623 亿元，复合增速为 9.3%。

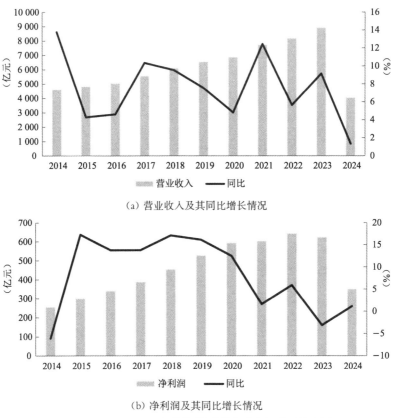

（a）营业收入及其同比增长情况

（b）净利润及其同比增长情况

图 7.3　2014—2024 年华润集团营业收入及净利润同比

数据来源：Wind 资讯。

公司资产规模稳步增长，截至 2023 年底，公司资产总规模达到 26 794 亿元，较 2014 年底增长了 186%，流动资产和非流动资产分别占 54.78% 和 45.22%；负债总规模为 18 016 亿元，较 2014 年底增长了 174%，流动负债和非流动负债分别占 73.78% 和 26.22%。公司资产负债率由 2013 年的 70.07% 下降至 2023 年的

67.99%，整体债务负担可控。

在现金流方面，公司经营活动获现能力强且稳定，2023 年公司经营活动的现金流净额为 891.65 亿元，较 2014 年增长了 198%；公司资金运作效率较高，2023 年现金收入比为 104.2%。在投资活动方面，2023 年公司投资活动产生的现金流量净额为－1 321.38 亿元，较 2014 年增长了 220%；公司历年来收购活动规模较大，2023 年投资支付现金为 6 856 亿元，投资活动现金流出增速高于投资现金流入增速，造成投资活动资金缺口进一步扩大。在筹资活动方面，2023 年公司筹资活动的现金流净额为 819.45 亿元，较 2014 年增长了 706%，公司主要的资金来源为银行借款，2023 年通过借款收到现金 3 765 亿元。

如图 7.4 所示，从盈利能力看，华润集团的销售毛利率和销售净利率变化幅度较小，销售毛利率从 2014 年的 27.01% 下滑至 2024 年的 22.88%，十年间减少了 4.13 个百分点；销售净利率从

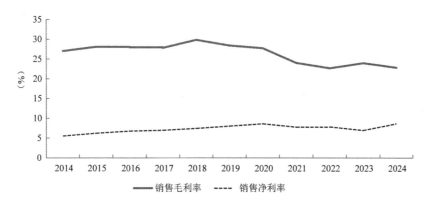

图 7.4　2014—2024 年华润集团销售毛利率及销售净利率

数据来源：Wind 资讯。

2014 年的 5.53%提升至 2024 年的 8.67%，十年间提升了 3.14 个百分点。

销售毛利率下滑的主要原因是地产相关业务毛利润的下降。如表 7.2 所示，对比 2014 及 2023 年华润集团的分版块营业毛利率可以发现，房地产及金融的营业毛利润由 2014 年的 34.01%下滑至 27.81%，而其毛利率占比则从 2014 年 21.59%提升至 35.90%，这会对集团的整体毛利率产生一定影响。

表 7.2　2014 及 2023 年华润集团分版块营业毛利率及占比

序号	业务板块	2014 年营业毛利率	占比	2023 年营业毛利率	占比
1	消费品及医药	20.90%	39.81%	19.76%	33.24%
2	能源	21.15%	13.32%	16.82%	14.63%
3	房地产及金融	34.01%	21.59%	27.81%	35.90%
4	水泥	31.40%	6.50%	14.84%	1.78%
5	制造业	7.31%	1.20%	15.38%	2.15%
6	其他*	—	17.58%	—	12.34%
	合计	27%	1 005	24.01%	100%

* "其他"业务板块中包含内部抵消项。
数据来源：华润集团票据募集说明书。

销售净利率的提升主要得益于规模效应下公司费用控制得当。如表 7.3 所示，其销售费用、管理费用、研发费用和财务费用的合计费用率由 2014 年的 15.36%下降至 2023 年的 12.03%，下降幅度与集团销售净利率的提升幅度相符。

表 7.3　2014—2023 年华润集团费用率

年份	销售费用	管理费用	研发费用	财务费用	合计
2014	8.98%	4.98%	0.00%	1.40%	15.36%
2015	9.38%	5.00%	0.00%	1.86%	16.24%
2016	9.27%	5.26%	0.00%	1.36%	15.89%
2017	9.05%	5.41%	0.00%	1.35%	15.81%
2018	8.94%	4.86%	0.26%	1.61%	15.67%
2019	8.57%	4.56%	0.31%	1.03%	14.47%
2020	8.03%	4.16%	0.32%	0.68%	13.19%
2021	7.30%	3.78%	0.35%	0.75%	12.18%
2022	6.96%	3.57%	0.44%	0.89%	11.86%
2023	7.15%	3.67%	0.48%	0.73%	12.03%

数据来源：Wind 资讯。

7.1.5　市值管理

如表 7.4 所示，华润集团当前在内地和香港两地共拥有 17 家上市公司，其中 8 家在香港上市，9 家在内地上市，总市值达到 7 900 亿元（截至 2024 年 10 月 21 日）。若将已递表的华润饮料纳入考虑，则华润集团的上市公司将多达 18 家，总市值超 8 200 亿元。

表 7.4　华润集团旗下上市公司情况

证券代码	公司名称	上市时间	所属行业	公司市值*（亿元）	2023 年公司收入（亿元）	2023 年公司归母净利润（亿元）	2023 年公司总资产（亿元）
0291.HK	华润啤酒	1973	啤酒	895.09	400.64	51.53	715.24
1193.HK	华润燃气	1994	燃气	671.22	922.19	47.34	1 249.42

（续表）

证券代码	公司名称	上市时间	所属行业	公司市值*（亿元）	2023年公司收入（亿元）	2023年公司归母净利润（亿元）	2023年公司总资产（亿元）
1109.HK	华润置地	1996	房地产开发	1 719.91	2 520.03	313.65	11 911.77
000423.SZ	东阿阿胶	1996	中药	382.14	46.48	11.51	133.06
600750.SH	江中药业	1996	中药	140.92	43.27	7.08	61.29
600062.SH	华润双鹤	1997	化学制药	247.36	100.89	13.33	154.31
000999.SZ	华润三九	2000	中药	602.09	244.64	28.53	401.48
600422.SH	昆药集团	2000	中药	107.26	76.28	4.45	95.65
0836.hk	华润电力	2003	电力	885.56	945.91	99.71	2 921.62
1313.HK	华润建材科技	2009	水泥	125.68	257.32	6.44	727.92
300294.SZ	博雅生物	2012	生物制品	166.50	26.32	2.37	78.29
1515.HK	华润医疗	2013	医疗服务	45.13	101.78	2.58	136.54
600917.SH	重庆燃气	2014	燃气	94.59	101.61	4.99	103.47
3320.HK	华润医药	2016	化学制药	336.92	2 459.31	38.54	2 467.70
1209.HK	华润万象生活	2020	房地产服务	670.42	147.98	29.29	277.83
688396.SH	华润微电子	2020	半导体	720.66	98.17	14.79	292.15
301090.SZ	华润材料	2021	塑料	109.10	171.83	3.81	104.95

＊公司市值数据统计时间截至 2024 年 10 月 21 日。

数据来源：Wind 资讯。

鉴于 17 家已上市公司 2023 年共创造收入 8 665 亿元，华润集团 2023 年收入 8 909 亿元，则收入口径华润集团资产证券化率为 97.26%。截至 2023 年，17 家上市公司资产为 21 833 亿元，华润集团 2023 年底总资产为 26 794 亿元，则资产口径华润集团资产证券化率为 81.48%。

华润集团的资产证券化率在我国的主要央企中居于前列，集团实现国有资产保值增值的重要路径正是股权收购、资产重组、分拆上市。

股权收购使华润集团实现了多元化的业务布局，如今在华润集团中营收占据三分之一的医药业务正是依靠股权收购不断壮大的。2004 年，山东省进行国有股退出改革，在此背景下，华润集团与山东聊城市国资局（现为"聊城市人民政府国有资产监督管理委员会"，简称"聊城市国资委"）一同出资成立了华润东阿阿胶有限公司，该公司直接持有东阿阿胶 29.62% 的股权，而华润集团在华润东阿阿胶有限公司中持有 51% 的股权。2007 年，华润在国务院的主导下参与了三九集团的债务重组，以 44.57 亿元帮助三九集团清偿了全部债务和欠息，并获得了三九集团的医药资产（即如今的华润三九），于 2011 年控股了北药集团持有的双鹤药业。

华润之所以能够大手笔地进行并购，有其历史原因。早期的华润作为我国的进出口总代理，积累了大量的资本。然而收购只是第一步，更重要的是运作，华润集团会对旗下资产进行并购—分拆—再私有化的 PE 式运作，以此实现资产的增值。2003 年，华润创业将所持有的中港混凝土业务与华润集团的广东及广西的水泥业务整合，组成华润水泥，并使其以介绍形式上市。上市后，华润创业以 10 股分派 1 股的比例将所有华润水泥股票分派给股东，不再持有华润水泥股份，而由华润集团持有 74.5% 的股份。由于当时水泥行业的参与者逐渐增多，大宗标准品无法形成差异化优势，市场竞争激烈，导致公司利润萎缩，公司股价不断下滑并最终跌破 1 元。2006

年 4 月，华润集团出资将华润水泥私有化，华润水泥退市。2009 年 9 月，华润水泥再次上市，以每股 3.9 港元的价格发行了 16.38 亿新股，叠加超额配售，合计集资 67.76 亿港元。类似的案例还包括 2004 年华润集团将旗下主营电信业务的华润万众在香港分拆上市，2006 年 3 月，华润万众即以 33.84 亿港元的价格被卖给中国移动并实现私有化。

7.2 案例 2：丹纳赫

7.2.1 公司概况及业务布局

丹纳赫是一家以生物制药和诊断为核心业务的大型企业，成立于 1984 年，前身为 1969 年成立的 DMG 房地产投资信托公司。1984 年，该公司在经历一系列股权变革后正式更名为丹纳赫，由此开启了长达 40 年的外延式扩张并购浪潮。截至 2023 年，公司收入为 238.90 亿美元，净利润为 47.64 亿美元，在 2024 年的《财富》世界 500 强企业中排名第 153 位。

作为一家以并购为主要经营思路的企业，丹纳赫在成立后的 40 年内成功完成了 400 多起收购，并历经了多次业务的剥离整合，其主营业务也从最早的工业自动化产品转变为如今的泛生命科学领域。从营业收入结构的角度，可以将丹纳赫的业务发展分为三个阶段。

1984—2004 年：这一时期公司的业务围绕工业化产品展开，主要分为专业仪器部门和工业控制部门。专业仪器部门主要生产环境监测和工业检测类产品，为水质和石油销售公司提供液体监测和监控设备，以及为电子、电气生产企业提供电压、电阻等精密检测设备。工业控制部门主要面向航空航天和国防领域，为其提供运动和识别产品。

2005—2016 年：公司通过收购卡瓦公司〔Kaltenbach & Voigt GmbH & Co. KG（KaVo）〕、登士柏牙科国际股份有限公司（Dentsply International Inc.）的 Gendex 业务以及医疗设备公司雷度米特（Radiometer A/S），引入医疗技术业务线，提供牙科、急性护理诊断和生命科学仪器产品。这一时期，丹纳赫在其上市公司平台内部逐渐收缩了制造业条线，并于 2016 年将其剥离并纳入新成立的医疗器械上市公司福迪威（Fortive）。

2016—2023 年：公司通过持续并购，形成了以生命科学为主、环境监测为辅的业务结构。2018 年，丹纳赫将其牙科业务拆分至新的上市公司盈纬达（Envista）；2023 年，丹纳赫完成对环境与应用解决方案部门的拆分，成立独立上市公司 Veralto。

从图 7.5 所呈现的丹纳赫收入结构变化情况可以看出，当前，丹纳赫已基本从一家工业公司转型为以医学诊断和生命科学技术为主营业务的公司，为市场提供药物研发服务和生物医药研究耗材、设备产品。其业务布局情况如表 7.5 所示。

复盘丹纳赫的业务结构变化，我们认为丹纳赫之所以能够保持二十多年的稳健增长，一方面是因为其持续进行对外并购以壮大业务，另一方面是因为公司定期对现有业务结构进行梳理，及时对行

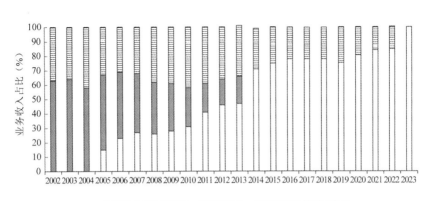

图 7.5　2002—2023 年丹纳赫收入结构变化

数据来源：Wind 资讯。

业增速放缓的业务进行拆分，有进有出，确保丹纳赫上市平台始终保持源源不断的成长动力。

表 7.5　2023 年丹纳赫业务布局情况

生物技术	cytiva			
医学诊断	BECKMAN COULTER	Cepheid. A better way.	HEMOCUE	Leica BIOSYSTEMS
		Mammotome	RADIOMETER Ⓡ	
生命科学	abcam	aldevron	BECKMAN COULTER Life Sciences	Genedata
	IDBS	IDT INTEGRATED DNA TECHNOLOGIES	Leica MICROSYSTEMS	MOLECULAR DEVICES
	PALL PALL CORPORATION	Agela飞诺美 phenomenex	SCIEX The Power of Precision	

资料来源：丹纳赫公司官网。

7.2.2　财务分析

公司营收利润增长稳定，历史上仅出现过三次收入呈双位数下滑的情况，分别是由金融危机、工业业务分拆以及环境业务分拆所导致的。如图 7.6 所示，从 2005 年到 2022 年，通过外延式并购，丹纳赫的营业收入由 79.8 亿美元增长至 314.7 亿美元，复合增速达到 8%；净利润由 8.98 亿美元增长至 72.09 亿美元，复合增速为12.27%。2023 年，由于环境部门被拆分上市，丹纳赫的收入下滑了 10%，降至 239 亿美元；净利润下滑了 33%，降至 47.6 亿美元。

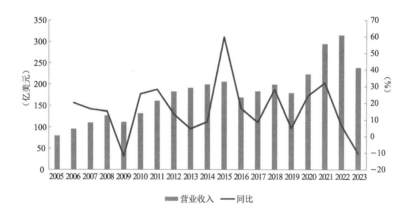

图 7.6　2005—2023 年丹纳赫的营业收入

数据来源：Wind 资讯。

从盈利能力的角度来看，如图 7.7 所示，2005 年以来，丹纳赫的毛利率和净利率稳步增长；2023 年，其毛利率和净利率分别为59% 和 20%。利润率的增长也显示了丹纳赫的业务近年来整体由制造属性转向为高利润率的科技属性。

　　丹纳赫作为一家以收购闻名的企业，风险控制和现金流管理是支撑其进行高频次并购的关键。如图 7.8 所示，在风险控制方面，丹纳赫历年的资本负债率基本能保持稳定，最高不超过 52%，中间

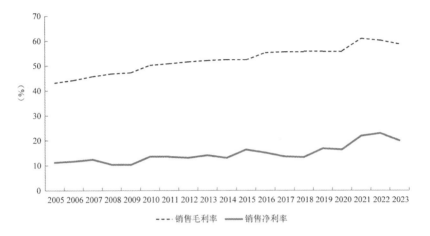

图 7.7　2005—2023 年丹纳赫的毛利率和净利率

数据来源：Wind 资讯。

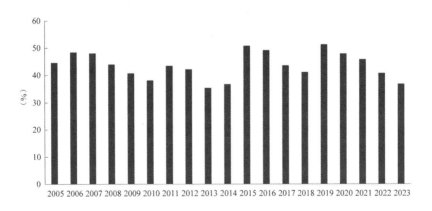

图 7.8　2005—2023 年丹纳赫的资产负债率

数据来源：Wind 资讯。

水平维持在 43%。在并购资金方面，公司主要利用内部盈利产生的现金进行并购，对外股权融资次数较少。公司有过三次增发历史，分别发生在 2002 年、2007 年和 2011 年，募集资金 4.2 亿、4.94 亿和 9.06 亿美元。

7.2.3　发展沿革

在公司年报中，丹纳赫更多用 portfolio 而非 segment 来形容旗下业务平台。Portfolio 常被用于股权基金的相关描述中，结合丹纳赫的并购基因，可以将丹纳赫的并购与拆分的商业运作模式看作是基金和公司的结合体。掌舵这家公司的"基金经理"不同，会对公司整体发展战略产生不同影响（表 7.6）。

表 7.6　丹纳赫历任总裁及其并购导向

时间阶段	公司总裁	并购导向	偏好风格
1984—1989	Steven M. Rales；Mitchell Rales	财务导向	仪器仪表、汽车精密部件
1990—2001	George M. Sherman	业务导向	电子测试、精密仪器
2002—2015	Larry Culp	平台导向	医疗诊断平台、生命科学平台
2015 年至今	Tomas P. Joyce；Rainer M. Blair	专业导向	泛生命科学领域

资料来源：丹纳赫公司年报。

基于此，可将丹纳赫的发展分为四个阶段（图 7.9）。

1984—1989 年：这一时期公司由创始人 Rales 兄弟掌舵，他们主导的并购以制造业板块的财务并购为主。在并购标的选择上，

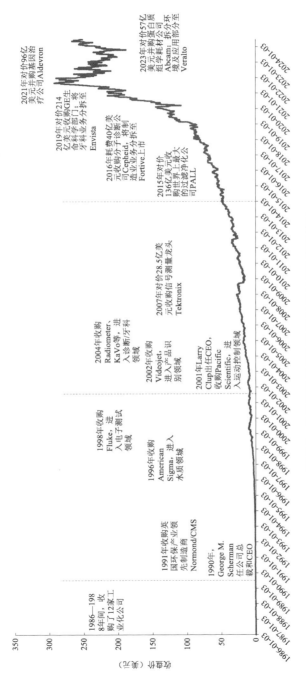

图 7.9　丹纳赫发展历程及其复权后股价变化情况

数据来源：丹纳赫公司年报。

他们对细分赛道没有特别的偏好，但会重点考察公司的核心竞争力，倾向于并购细分赛道的龙头企业。Rales 兄弟所主导的并购交易包括铝挤压制造商和手动工具龙头制造商 Easco Corporation、著名气动工具公司 Chicago Pneumatic 以及工业仪器部件公司 Qualitrol 等。

1990—2001 年：1990 年，百得公司（Black & Decker）的前执行副总裁兼电动工具、家居装饰集团总裁乔治·雪曼（George M. Sherman）替代 Rales 兄弟成为公司总裁。Sherman 的工作重心在于对公司资产组合和业务结构的把控。他主导的并购以业务并购为主，偏好业绩表现一般但产品和市占率领先的企业。在这一时期，丹纳赫完成了对 Easco Hand Tools Inc 和 Armstrong Tools 的收购，工具业务得到了极大的扩展。

2002—2014 年：丹纳赫内部培育的总裁拉里·卡尔普（Larry Culp）上任，其计划将丹纳赫打造为"战略成长平台"。"战略成长平台"指的是"在一个几十亿美元的市场中，丹纳赫可以获得 10 亿或更多的收入，并且在市场中排名第一或第二"。基于上述并购思路，丹纳赫开始从行业角度筛选具有高增长特点的行业，并于 2004 年后加强了对生命科学和医学诊断业务的布局，并购了 Radiometer、Genetix、加拿大生命科学公司 MDS 的分析技术业务部门等，为企业后续的业务转型打下基础。

2014 年至今：2014 年，公司执行副总裁托马斯·乔伊斯（Thomas Joyce）接替退休的 Larry Culp 成为丹纳赫新一任总裁。Thomas 在任期间对公司业务进行了拆分，加大了对泛生命医学领域的投入。在这一时期，公司对并购标的的偏好从小而美的企业转向为具有一定营收规模的成熟企业。2015 年，公司以 138 亿美元的对价收购了颇尔公司（Pall Corporation，以下简称 PALL），其主营业务为生命科学领域的产品。2019 年，又以 214 亿美元的对价收购了 GE 生命科学部门的生物制药业务。同时，丹纳赫在 2016 年将制造业相关业务拆分至 Fortive，又于 2019 年将牙科业务拆分至 Envista 上市。

随着 2023 年其环境与应用解决方案部门被拆分至 Veralto，丹纳赫完全成为一家主营泛生命科学业务的公司。

7.2.4　公司亮点

丹纳赫通过选择合适标的并利用 DBS（Danaher Business System）体系为其赋能，从而深度改造标的，以此实现高质量并购，获得显著收益。

1. 标的选择

在选择并购标的方面，丹纳赫长期坚持 MCV 投资策略和严谨的决策流程。如图 7.10 所示，MCV 投资策略从三个维度对被并购标的进行评估：行业（Market）、公司（Company）、潜在价值（Valuation）。

从行业维度来看，丹纳赫早期便专注于布局具有高进入壁垒的利基市场，而非追求规模最大的市场。此后，丹纳赫通常会寻求相邻市场的机会，通过并购来实现业务的可控发展，并加强现有业务的竞争力。所谓利基市场，是指在更大的细分市场中，由一小群具有相似兴趣或需求的顾客所组成的市场空间。这一概念强调的是那

图 7.10　丹纳赫对并购标的的选择采取 MCV 策略

数据来源：根据丹纳赫公司官网整理。

些未被主流市场或大企业充分关注的特定细分领域，这些领域通常因为需求特殊而服务供给不足。

　　在公司筛选方面，丹纳赫通常选择具备"三高"特征的公司，"三高"即较高的毛利率、较高的销售管理费用（SG & A）以及较高的资产密集度（Asset Intensity）。此外，如图 7.11 所示，丹纳赫还会评估目标公司的技术水平、品牌影响力以及企业文化，以判断其与丹纳赫文化的兼容性和未来的增长潜力。表 7.7 展示了丹纳赫在 2009 年以前收购的部分目标公司的各项指标情况。值得注意的是，丹纳赫自身的资产密集度较低，而所选目标的资产密集度通常较高，这表明这些目标公司的经营性资产尚未充分发挥效能。

1. 目标行业的市场规模必须超过10亿美元

2. 核心市场的增长率至少应该在5%—7%之间，没有明显的周期性或波动性

3. 寻找集中度不高的行业，收购销售额在2 500万到1亿美元之间的企业，可以获得他们的产品而不用支付必要的管理开销

4. 尽量避免优秀的竞争对手，如微软、丰田等

5. 目标领域要能适用DBS，以发挥丹纳赫公司精益管理的长处

6. 寻找以产品为中心的行业

图 7.11　丹纳赫并购行业筛选标准

数据来源：丹纳赫公司公告、光大证券官网。

表 7.7　丹纳赫 2009 年之前选取标的的各项指标情况

标的	并购时间	毛利率	销售管理费率	资产密集度	经营资产回报率
Pacific Science Company	1996	31%	22%	1.07×	12%
Fluke Corporation	1997	54%	35%	0.86×	15%
Hach Company	1998	49%	28%	1.43×	14%
American Precision Industries	1998	31%	22%	0.96×	12%
Kollmorgen Corporation	1999	29%	22%	0.89×	14%
Lifschultz industries	2000	49%	34%	0.88×	22%
Visual Networks	2004	70%	48%	1.58×	18%
Sybron Dental Specialties	2005	56%	37%	0.81×	26%
Tektronix	2007	60%	31%	1.56×	21%

数据来源：国泰君安研究所。

最后，丹纳赫会对并购公司的价值进行评估。凭借丰富的收购经验，丹纳赫建立了独有的 ROIC（投入资本回报率）估值体系，使自身能够承担较高溢价，并在并购后借助 DBS 工具和企业自身资源提升盈利能力，完成整合。同时，丹纳赫会以 ROIC 等指标作为具体的考核依据来衡量并购成效。

2. 投后管理

丹纳赫成功实施并购的另一个重点是投后管理。通过学习精益管理和 KAIZEN 管理理念，丹纳赫建立了独具特色的投后精益管理系统——DBS 商业系统。该系统以客户反馈为基础，致力于持续改善品质、交货、成本和创新管理。DBS 商业系统是丹纳赫的操作手册，也是公司管理能力和投资能力的体现。在对目标企业实现收购后，公司会运用 DBS 系统对其进行整合，创造附加价值，与被收购公司实现共同成长。

当前，DBS 商业系统的标志是一个由字母"C"和"D"构成的圆环（图 7.12），其中，"C"代表 Customer，"D"代表 Danaher。

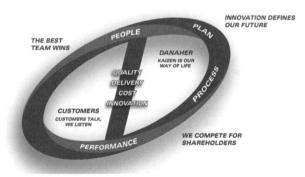

图 7.12　DBS 商业系统标志

资料来源：丹纳赫公司官网。

圆环内部的"Customers talk，we listen"传达了丹纳赫以客户为核心的企业文化；"Kaizen is our way of life"意为改善永无止境，表达了丹纳赫要致力于持续改善，不断挑战自我、精益求精，创造持久价值。圆环上的 4P 循环——People（人才）、Plan（计划）、Process（流程）、Performance（业绩），代表着由卓越的人才制定杰出的计划，并依靠世界一流的工具执行，从而构建可持续的流程，创造卓越的业绩。同时，丹纳赫将 DBS 扩展到新的领域，专注于创新与增长，旨在推动产品开发、营销的改进，并用一个理念指导所有努力，该理念根植于四个面向客户的优先事项：Quality（质量）、Delivery（交付）、Cost（成本）和 Innovation（创新）。

DBS 有三大核心目标：领导力、成长性和精益生产。起初，DBS 仅仅关注精益生产；在 2001 年，增加了成长性目标；在 2009年，又增加了领导力部分。直至 2016 年，DBS 确定了现在的核心目标：领导力、成长性、精益生产。三者并重，形成了一个完整的DBS 系统（图 7.13）。

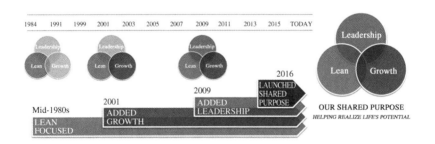

图 7.13 DBS 三大核心目标

资料来源：丹纳赫公司官网。

DBS 的具体操作载体需要遵循八大定量指标，这八大指标主要面向三类对象：顾客、员工和股东（图 7.14）。通过对上述操作指标进行定量管理，丹纳赫往往能够挖掘出被并购标的的财务潜力。

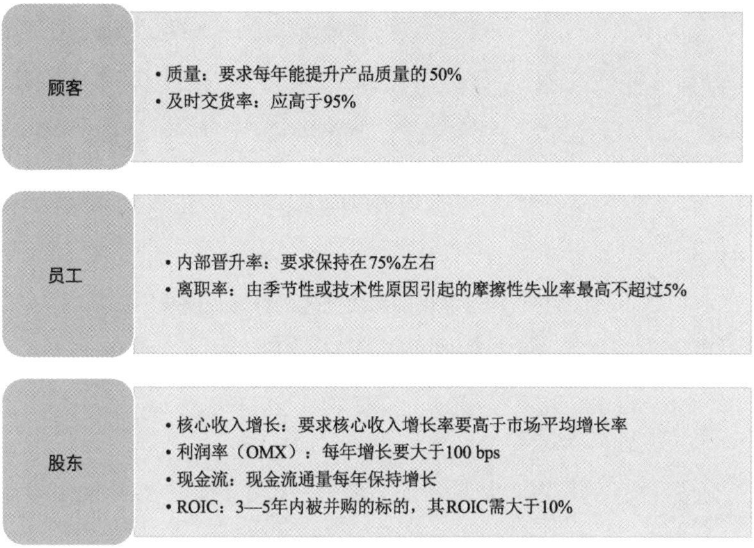

顾客	• 质量：要求每年能提升产品质量的50% • 及时交货率：应高于95%
员工	• 内部晋升率：要求保持在75%左右 • 离职率：由季节性或技术性原因引起的摩擦性失业率最高不超过5%
股东	• 核心收入增长：要求核心收入增长率要高于市场平均增长率 • 利润率（OMX）：每年增长要大于100 bps • 现金流：现金流通量每年保持增长 • ROIC：3—5年内被并购的标的，其ROIC需大于10%

图 7.14　DBS 八大定量指标

资料来源：根据丹纳赫公司官网整理。

DBS 还为公司的战略制定和问题解决提供了一套标准化的支持流程（图 7.15），包括以下步骤：

（1）确定公司的长期需求，设定 3—5 年的战略目标，并将其逐层分解至具体的年度目标；

（2）识别问题的解决路径，从众多目标中确定优先级项目并制定解决方案；

（3）确立内部衡量标准和指标，明确关键资源，制订详细的行动计划，优先推进重点项目的实施；

（4）定期记录每月和每年的执行进展，评估下一年度的改进方

图 7.15   DBS 提供的解决问题的标准化流程

资料来源：根据丹纳赫公司官网整理。

向，并总结可借鉴的经验。

随着 DBS 的发展，其最新形态像是一个工具箱，包括四个模块：Lean、Growth、Leadership 和 Fundamentals。其中，Fundamentals 是 DBS 的基础课程，一般要求所有员工都参加；与 Lean 相关的主要是生产运营工具；Growth 是指商务和产品开发所使用的一些工具；Leadership 模块则旨在对公司管理层提出更高的要求。

3. 收购及投后管理案例

（1）PALL

2015 年，丹纳赫以 138 亿美元收购了 PALL 公司，后者的主要产品包括纯水设备、超纯水设备、蛋白质纯化系统、空柱管、生物过滤器及各种仪器配件。然而，丹纳赫在并购后发现 PALL 在营销方面存在一些问题：①品牌知名度提升空间受限；②缺乏数字营销能力；③缺少生成和培育高质量销售线索的系统性方法。

为解决这些问题，丹纳赫在 PALL 公司内部引入了 DBS 商业系统，帮助其改善营销短板：①通过有纪律的市场活动提升品牌知名度并扩大客户覆盖面；②吸引并优先服务高质量客户，提升客户质量；③优化销售渠道流程，集成管理，提升成交效率。

在运用 DBS 系统后，PALL 成功实现了 50% 的合约增长，显著提升了品牌知名度和市场成交率。

（2）Cepheid

2016 年 11 月，丹纳赫以 40 亿美元收购了位于加利福尼亚的赛沛（Cepheid）公司的所有普通股。Cepheid 是一家全球领先的分子诊断公司，专注于信号分子抗体、结构蛋白抗体、免疫组化试剂盒、放射免疫试剂盒以及流式细胞试剂盒的开发、生产和销售。该公司 2015 年的收入达到 5.39 亿美元。丹纳赫选择收购 Cepheid，是看重其在创新方面的领先地位，认为该公司能够为集团带来差异化的产品和技术优势。同时，丹纳赫希望通过应用 DBS 系统实现显著的成本协同效应。

在 DBS 系统的支持下，Cepheid 在以下三个方面得到了改善：①增强商业执行力；②提高运营杠杆效应；③建立全球化规模，提升品牌知名度。在 DBS 系统的推动下，并购一年后，Cepheid 的毛利增长了约 55%。

7.2.5　市值管理

2024 年，丹纳赫的市值达到了 1 800 亿美元，如果将其已经完成拆分上市的三家公司考虑在内，丹纳赫共创造了一个接近 2 400 亿美元的实业帝国。表 7.8 整理了丹纳赫发展历史上的极具代表性的并购事件。表面上看，似乎是 400 多起并购事件成就了丹纳赫近 40 年来的市值增长趋势，但丹纳赫市值管理的成功实施并不是仅由并购事件本身驱动的，其在并购完成后对被并购企业的赋能，对被并购企业收入、利润的兑现，以及最终落地上市公司平台后所实现的收入、盈利的稳定增长，才是丹纳赫市值管理成功实施的核心要义。在丹纳赫的并购历史与并购整合战略中，有以下几点值得借鉴。

第一，自上而下的商业模式。针对并购标的的筛选，丹纳赫始终坚持进行自上而下的分析，秉持"行业第一，公司第二"的原则，从市场分析到公司评估、尽职调查、估值、谈判乃至最终的整合，无不面面俱到。正如巴菲特的投资理念："当某个行业以经济状况不佳而著称，某位管理者以卓越运营而闻名遐迩，两者相遇，通常后者无法改变前者。"企业在选择并购标的时，要建立清晰的、自上而下的商业模式，优先寻找规模较大、能够取胜的市场。

第二，外延与内生互补，具有成长性。丹纳赫通过外延并购实现业绩的持续增长，同时，内生业务可以为公司提供源源不断的现金流，注重资金的充裕性，而非单纯采取"融资—并购—扩张"的模式。

第三，通过独特的投后管理形成"护城河"。在完成公司并购后，丹纳赫会运用其独特的 DBS 商业系统对标的进行整合，一方面，可以帮助被收购公司不断创新、优化营销，实现高质量发展；另一方面，能为公司创造附加价值，与被收购公司实现共同成长。

第四，标准化、流程化的管理。从标的选择到投后管理的战略制定、问题解决等各个阶段，丹纳赫都制定了明确的标准，并建立了流程化管理模式，大大提高了公司的管理效率。

表 7.8 1986—2023 年丹纳赫历史知名并购事件汇总

并购领域	标的	时间	业务	金额（亿美元）	对丹纳赫的贡献
工具和零件	Chicago Pneumatic	1986	气动工具制造	—	进入该领域并逐步发展壮大
工业技术及仪器仪表	Sigma	1996	水质分析仪器	—	进入水质监测领域
工业技术及仪器仪表	McCrometer	1996	精密流量监控	—	—
工业技术及仪器仪表	Pacific Scientific	1998	实验室设备耗材	—	进入运动控制领域
工业技术及仪器仪表	Fluke	1998	仪器仪表	6.25	创建电子测试业务
环境及应用解决方案	Hach	1999	水质分析解决方案	2.31	在水质监测领域发展壮大
工业技术及仪器仪表	Werner Electric	2000	运动控制	1.44	帮助公司跻身顶级精密运动控制供应商的行列
工业技术及仪器仪表	Kollmorgen	2000	运动控制	3.25	扩大运动控制业务范围
工业技术及仪器仪表	Gilbarco	2001	零售自动化、环保产品和服务	3.09	为零售石油客户提供综合自动化和环境解决的全方位方案和服务
环境及应用解决方案	Viridor Instrumentation	2002	水质、其他液体和材料的分析仪器	1.37	增强公司竞争力，促使其进入互补终端市场
工业技术及仪器仪表	VideoJet	2002	产品包装打印设备	—	进入产品识别业务领域
工业技术及仪器仪表	Thomson Industries	2002	运动控制	1.47	公司在运动控制领域的领导地位得到巩固

（续表）

并购领域	标的	时间	业务	金额（亿美元）	对丹纳赫的贡献
生命科学	Radiometer	2003	血气分析仪	7.3	开拓医疗技术业务，进入诊断领域
牙科	the Gendex Business of Dentsple International	2004	牙科成像产品制造商	1.03	进入并布局牙科领域
牙科	KAVO Kerr	2004	口腔治疗等实验室设备和教育辅助设备	4.25	扩大诊断、牙科业务范围
环境及应用解决方案	Trojan	2004	饮用水废水紫外线消毒	1.85	扩大水质相关业务范围
牙科	ORMCO	2005	口腔正畸的领导者，提供钛合金的正畸材料等创新产品	—	丰富公司的牙科产品组合
生命科学	Leica Microsystems	2005	全球领先的微结构分析高精度光学系统的设计和制造商	5.5	帮助公司进入并扩展生命科学领域，同时补充现有的重症监护诊断和牙科业务
工业技术及仪器仪表	Linx Printing Technologies	2005	喷码机、打码机	1.71	扩大产品识别业务范围
生命科学	Leica Biosystems	2006	全球著名的工作流程解决方案和电子动态规划提供商	4.5	提升癌症临床诊断水平
牙科	Sybron Dental	2006	牙科设备和耗材制造	20	扩大公司牙科产品范围
工业技术及仪器仪表	Vision	2006	激光设备、视觉系统	5.2	进一步提升公司在病理诊断领域的地位

（续表）

并购领域	标的	时间	业务	金额（亿美元）	对丹纳赫的贡献
环境及应用解决方案	ChemTreat	2007	工业污水处理方案	4.25	为公司的水质业务提供额外的销售和盈利增长机会
工业技术及仪器仪表	Tektronix	2007	测量仪器	28	巩固公司在测试和测量行业的领先地位
工业技术及仪器仪表	Power Quality Business	2007	电能质量和可靠性领域的产品和服务	2.75	—
生命科学	SCIEX	2009	液相色谱、毛细管电泳、液质联用仪、生物质谱/MALDI质谱、基因扩增仪、蛋白/肽测	4.5	提升公司在生命科学领域（尤其是质谱分析市场）的地位
生命科学	Molecular Devices	2010	微孔读板机（酶标仪）、高内涵成像分析系统、FLIPR TETRA高通量实时荧光检测分析系统、克罗筛选服务、AXON-膜片钳、试剂盒、配件及耗材	6.5	提升公司在生命科学领域的地位
牙科	Implant Direct	2010	牙科种植体、纯钛人工牙种植体、面部填充种植体、种植体替代体	—	强化其薄弱的植入业务
工业技术及仪器仪表	Keithley CInstruments	2010	仪器仪表	3	进一步巩固公司在测试和测量行业的领先地位

（续表）

并购领域	标的	时间	业务	金额（亿美元）	对丹纳赫的贡献
工业技术及仪器仪表	Apex Tool Group	2010	专业手动和电动工具制造商	—	—
生命科学	Beckman Coulter	2011	实验室自动化系统、生化分析系统、免疫分析系统、血细胞分析系统、特定蛋白分析系统、生化免疫一体化分析系统、尿液分析系统、微生物检测系列、血站血型分析系统等	68	为公司在生命科学和诊断领域提供额外的销售和盈利增长机会
生命科学	HemoCue	2013	血红蛋白分析仪等	3	为公司提供进入医生实验室市场的切入点
牙科	Nobel Biocare	2014	牙科种植方案	19	提高公司在口腔内扫描和数字修复解决领域的能力
生命科学	PALL	2015	纯水器/机、超纯水器/机、蛋白质纯化系统、空柱管、生物过滤器、各类仪器配件	138	提供核心材料和技术，解决复杂的流体分离问题；促进药物开发并加强监管
生命科学	Phenomenex	2016	HPLC/UHPLC、制备/工业色谱、CC、样品制备、毛细管液相色谱、体积组排色谱	—	提升药物发现和制药方法开发能力，以及食品安全和环境分析能力
生命科学	Cepheid	2016	信号分子抗体、结构蛋白抗体免疫组化试剂盒、放射免疫试剂盒、流式细胞试剂盒	40	公司分子诊断业务的主要提供方

（续表）

并购领域	标的	时间	业务	金额（亿美元）	对丹纳赫的贡献
生命科学	Integrated DNA Technologies（IDT）	2018	基因合成、下一代测序技术、实时荧光定量PCR、基因组序列编辑、微生物检测、核酸检测与控制	—	生命科学板块的主要组成部分
生命科学	GE 的生命科学部门	2019	生物仪器、耗材和软件的领先供应商，从事过程色谱硬件和耗材、细胞培养基、开发仪器和耗材以及服务等	214	为生物制剂工作流程解决方案提供极好的补充
生命科学	Aldevron	2021	质粒 DNA、mRNA 和重组蛋白，用于基因治疗等技术	96	—
生命科学	Abcam	2023	蛋白质组学耗材	57	—

数据来源：根据丹纳赫公司公告及其他公开资料整理。

7.3 案例 3：博通

7.3.1 公司概况及业务布局

博通是一家以半导体技术为基石、由多项半导体及软件分业务组合而成的平台型公司。公司具备超过 60 年的半导体技术积淀，多年来始终坚持创新、协作以及追求卓越工程。其前身最早可以追溯到惠普（HP）于 1961 年成立的半导体产品部门。1999 年，该部门从惠普拆分出来，成为安捷伦科技（Agilent Technologies）的一部分。2016 年，安华高科技（Avago Technologies，以下简称 Avago）以小博大，以 370 亿美元完成对芯片制造商博通公司的收购，成立博通有限公司（Broadcom Ltd.）。新博通总市值 770 亿美元，总部位于新加坡。2018 年 3 月，公司名由博通有限公司改为博通公司（Broadcom Inc.）。

博通以美国电话电报公司（AT & T）旗下的贝尔电话实验室（Bell Labs）、朗讯（Lucent）和安捷伦科技丰富的技术遗产为基础，重点关注能够用于连接世界的技术。通过对行业领军企业博通、LSI、博科（Brocade）、CA Technologies、Symantec 的企业安全业务和 VMware 的整合，公司在规模、范围和工程人才等方面都足以承担领导行业未来的职责。当前，博通公司的主要业务分为两部分：半导体解决方案与基础设施软件（表 7.9）。

表 7.9　博通主要业务的拆分情况

领域 & 业务		2023 年总营收占比	产品序列/服务	业务来源
半导体解决方案	网络	30%	以太网交换芯片、路由芯片 ASIC 定制化芯片 PHY 芯片（光、铜） 光线发射器与接收器	博通（于 2015 年收购）、LSI（ASIC 定制化芯片部门）

（续表）

领域 & 业务		2023 年总营收占比	产品序列/服务	业务来源
半导体解决方案	宽带	13%	机顶盒 SoC DSL/PON 网关 DOCSIS 电缆调制解调器和网络基础设施 DSLAM/PON 光线路终端 Wi-Fi 接入点 SoC	博通
	无线	21%	RF 前端模块和滤波器 Wi-Fi、蓝牙、GPS/GNSS SoC 自定义触摸控制器 感应充电 ASIC	Infineon、Javelin、Semiconductor 等
	存储、服务器	13%	SAS 和 RAID 控制器和适配器 PCIe 交换机 光纤通道主机总线适配器 以太网网卡 读取通道 SoC、定制闪存控制器 前置放大器	LSI、PLX Technology、博科等
	工业	3%	光耦合器 工业级光纤 工业和医疗传感器 运动控制编码器和子系统 发光二极管 以太网 PHY、交换机 IC 和相机微控制器	Nemicon、Cyoptics 等
基础设施软件		21%	主机软件，包括 DevOps、AIOps、工作流自动管理、基础软件解决方案等 分布式软件，包括 ValueOPs、DevOps、AIOps Symantec 网络安全解决方案 任务关键型 FC SAN 产品 支付安全解决方案 VMware 云服务	CA Technologies、Symantec、VMware

数据来源：博通公司官网、申万宏源研究所。

在半导体领域，博通为数据中心、服务承包商、企业和内嵌网络应用的数据管理和转移提供各种射频（RF）半导体设备、无线连接解决方案、定制触摸控制器和感应充电解决方案，除此之外，还提供半导体技术解决方案，用于支持机顶盒和宽带接入应用，以及实现数字数据在主机（如服务器、个人计算机和存储系统）和底层存储设备［如硬盘驱动器（HDD）和固态驱动器（SSD）］之间的安全移动。

在基础设施软件方面，博通能为客户提供基础设施软件解决方案，帮助客户在多样化和分布式环境中大规模构建、运行、管理、连接和保护应用程序。其主机软件业务能够提供 DevOps（开发运维）、AIOps（智能运维）、安全和数据管理系统解决方案，而分布式软件解决方案则能助力跨国企业优化软件的规划、开发和交付。博通于 2019 年收购了 Symantec 的机构业务，为企业和机构提供安全保护。

7.3.2　财务分析

目前，博通公司的营收主要由两部分业务构成，分别是半导体解决方案和基础设施软件。在 2023 财年，半导体解决方案的营收占比约为 79%，基础设施软件约为 21%。而根据 2024 半年报数据，上半年公司半导体解决方案的营收占比约为 60%，基础设施软件约为 40%；基础设施软件的营收大幅增加，共计 98.56 亿美元（图 7.16），其中，2023 年完成收购的 VMWare 贡献约 55 亿美元。

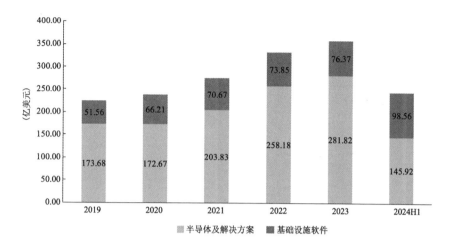

图 7.16 2019 年—2024 年 H1 博通公司半导体和软件业务营收情况

数据来源：Wind 资讯。

博通公司近年来利润率亮眼，其在收购软件公司后年度毛利率与净利率持续上升（图 7.17）。受益于多次对高毛利标的成功收购，以及持续性优化结构、削减费率等举措的实施，公司的毛利率及净利率维持在较高水平。通过收购高毛利的软件业务，公司近 5 年的

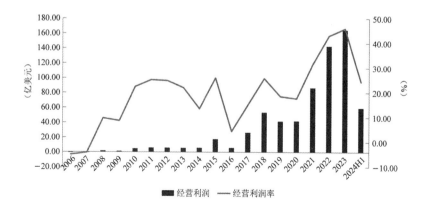

图 7.17 2006 年—2024 年 H1 博通公司利润及利润率情况

数据来源：Wind 资讯。

销售毛利率持续上升，在 2023 财年已高达 68%。在收购软件业务前，由于运营费用高，CA technologies、VMware 等公司的净利率均未超过 20%；但在实施收购后，得益于有效的平台整合，博通公司的整体净利率持续上升，在 2023 财年，Non-GAAP（非美国通用会计准则）净利率突破 50%。

7.3.3　历史沿革

博通公司的发展历程可被视为一部收购与整合的历史（图 7.18）。在 2018 年之前，公司主要通过并购来强化和扩展半导体业务；在 2018 年之后，公司逐步转向对软件业务的收购。博通的收购策略较为激进，几次"蛇吞象"式的大型收购尤为瞩目，例如在 2013 年市值仅为 120 亿美元时，以 66 亿美元收购了 LSI；2016 年又以 370 亿美元收购了老博通。公司的基础设施软件业务则是在收购 CA Technologies 和 Symantec 后，逐步整合发展而成的。

博通的成长与收购息息相关，经过超过 20 年的持续兼并与收购，博通由一个从惠普剥离出来的半导体业务部门成长为年营收超 300 亿美元的半导体巨头。总体来说，博通的发展历史主要可以分为三个阶段。

第一阶段：2005 年以前是博通公司的早期发展阶段。1999 年，惠普将大量业务剥离出售，这些业务组合成立了一个新公司——安捷伦科技，其中就包含惠普的半导体业务。2005 年，KKR 和银湖资本（Silver Lake）以 26.6 亿美元的价格收购了安捷伦的半导体部门，并将其改名为 Avago，主要经营光电产品、射频/微波器件、

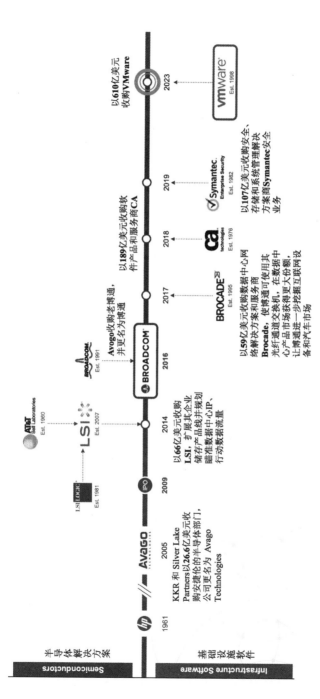

图 7.18　博通公司主要收购事件与发展阶段

资料来源：根据博通公司官网整理。

企业 ASIC 等产品。

　　第二阶段：2005 至 2017 年，公司专注于半导体解决方案板块的扩充。公司先后并购了英飞凌（Infineon）光纤业务和体声波滤波器业务，以及专注企业存储的 LSI 和 Emulex，于 2016 年完成了与老博通的整合（图 7.19），并于 2017 年收购了光纤通道巨头博科。公司的产品种类和规模均得到大幅提升。

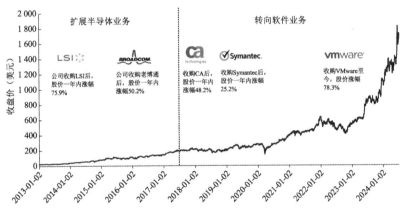

图 7.19　2013 年至今第二、三阶段博通复权后股价变化情况
数据来源：根据 Wind 资讯、博通公司官网整理。

　　第三阶段：如图 7.19 所示，2018 至 2023 年，博通将重心从纵向整合转向横向收购，收购标的从硬件转向软件。公司先后并购了 CA Technologies、Symantec 企业安全部门，并于 2023 年以 610 亿美元收购了大型云管理企业 VMware。

7.3.4　公司亮点

　　并购是公司的重要标签，我们认为博通热衷于并购与其所在行业性质有关。公司的前身 Avago 主要从事的是光纤网络和无线通讯网络的半导体设计和开发业务。在通信领域，专利是最高的壁垒。在标准至上的技术产业，一项通信技术商业化的背后通常涉及数百项协议、标准、接口的专利。前人申请这些专利后，后人想要应用这项通信技术，共有三个方法。一是设计其他的协议或者接口，该办法往往难度较大，且单一的设计通常难以融入市场上成熟的应用生态。二是采用交叉授权的方法，比如通信巨头高通（Qualcomm）、华为等频繁与各家通信终端厂商进行专利交叉授权，以此赚取专利费，这已经成为它们重要的收入来源之一。根据高通披露的 2024 财年半年报，其技术专利授权收入为 13 亿美元，占全年收入的 14%，EBT 利润率高达 70.8%，为公司整体盈利能力的提升提供了有力支撑。第三种方法更加直接，即收购对方公司。

因此，从行业性质的角度来看，博通频繁实施并购更多与行业竞争和业务发展的需要有关。通过外延式发展强化产品布局，目的是构筑技术含量更高的专利"护城河"。

而博通公司的并购之所以为人称道，其看点是擅长以小博大。这一特点在 2009 年博通公司的前身 Avogo 进行 IPO 上市后，表现得更加明显。如表 7.10 所示，上市后，博通并购加速，至今共完成了 6 起对价 50 亿美元以上的并购案，2013 年收购 LSI 和 2017 年收购老博通，更是博通公司并购史上的两个经典案例。

2013 年，Avogo 支付 66 亿美元收购了 LSI，进入存储、数据中心等领域。当时 Avogo 与 LSI 体量相当，但 Avogo 的盈利能力明显优于 LSI。在 2013 财年，Avogo 的年收入为 25.2 亿美元，净利润为 5.52 亿美元；而 LSI 的收入为 23.7 亿美元，净利润为

表 7.10   博通公司上市后的重大并购事件

年份	并购公司	主营业务	对价 （亿美元）	方式
2013	Cyoptics	磷化铟（InP）光学芯片	4	强化光纤产品布局
2013	Javelin Semiconductor	无线通信领域	—	强化无线通信领域布局
2013	LSI	存储芯片	66	强化数据中心的存储业务
2014	PLX Technology	PCI-E 连接的解决方案	3.09	强化存储领域
2015	Emulex	数据中心融合网络解决方案	6	强化其通信芯片业务
2017	博通	芯片	370	拓展芯片产品品类
2017	博科	网络硬件、软件和服务	59	增强其作为企业存储连接解决方案供应商的地位
2018	CA Technologies	IT 管理软件	190	增强其基础设施软件业务能力
2019	Symantec 安全业务	网络安全软件	107	强化软件业务布局
2023	VMware	云计算和虚拟化软件	690	进一步强化软件业务布局

数据来源：根据博通公司年报整理。

1.25 亿美元。尽管账面上只有不到 10 亿美元的现金及现金等价物，但 Avogo 借助来自银湖资本的 10 亿美元增资（以 7 年期可转换债券的形式执行），以及多家银行的 46 亿美元定期贷款，以 41% 的溢价完成了收购。LSI 收购案的成功标志着 Avogo 正式从一家芯片细分领域的小型产品供应商，转而成为一家提供更广泛主流芯片产品的业内关键角色。2016 年，Avogo 再度进行"蛇吞象"式并购，以 370 亿美元的对价收购了全球半导体巨头博通，这也是当年半导体行业中最大的一起并购案。2014 年，博通的年收入为 84 亿美元，而 Avogo 仅有 40 多亿美元，无论是营收规模、专利数量还是名气，博通都在 Avogo 之上。因此，合并之后的新公司保留了博通的品牌。

　　博通以小博大的收购之所以能够成功，关键在于其主要围绕主营业务寻找具备运营效率提升能力的龙头标的。公司成立以来，博通的并购整体围绕主营业务进行，并购的主要目的也是增强自有业务的专利实力和市场地位。2018 年以前，公司的收购标的较为集中，锁定在有线、无线、企业存储这几个领域的上下游企业。2018 年以后，收购标的横向拓展至软件领域，以弥补公司在通信领域基础软件开发上的短板。博通公司潜在的并购标的通常具备以下三个特点：一是被并购公司的主营业务与公司现有的主营业务重合，或同属于高度相关的细分赛道；二是被并购公司的产品在市场上领先，且属于同时具有高粘性、高利润率、高自由现金生成能力的产品；三是由于公司治理不当，运营费用过高，产生的利润和现金流均低于潜在水平，导致 EBITDA 率维持在 10%—25% 的较低区间。

　　例如，2023 年博通以 690 亿美元的（包括 610 亿美元的协约收购价和被收购方 80 亿美元的债务）对价收购了虚拟软件服务商 VMware，看中的正是 VMware 对公司现有业务的补足潜力，以及该公司的高市占率和产品的高粘性。VMware 成立于 1998 年，在 2021 年底从戴尔（Dell）分拆出来，主营服务器计算虚拟化产品，2022 财年收入 133.5 亿美元，净利润 27.8 亿美元，净利率 21%。如图 7.20 所示，VMware 的核心服务功能在于多云管理，通过虚拟机技术使企业能够在远程服务器上运行多台虚拟计算机，并使客户能够在一个统一的平台上管理多个公有云，简化来自不同供应商的云资源的集成，为客户节约云空间和资金。作为服务器虚拟化市场的龙头，VMware 公司的市占率达到 70%。对云服务厂商而言，由于下游客户重视其存储数据的稳定性和安全性，只要没有较大风险，客户不会轻易更换服务商，因此该公司的客户粘性较高。VMware 既具备高市占率、高粘性，其服务器虚拟化软件和多云能力还可以加强博通在储存适配器、光纤通道适配器、公有云虚拟化软件等领域的话语权，并弥补博通在基础架构、SDI 以及 AI 领域的不足，可谓完美符合博通的收购标准。

图 7.20　VMware 的主要业务结构

数据来源：博通公司官网。

从近年来博通收购案的交易架构来看，以小博大式的并购离不开高杠杆的融资手段，除了增发股票、银行借款以外，杠杆收购（Leverage Buyout，LBO）的手法也常被用于博通的交易框架中。

在完成收购后迅速去杠杆化并回收自由现金流，也是博通能够成功的关键之一。

博通在收购完成后，会立刻对被收购公司进行改革，确认每个部门产品线的绩效和盈利能力，剥离低毛利率业务以及非核心业务，在专注提升核心业务毛利率的同时回收现金流，从 LSI、博通到博科，均是如此（图 7.21）。在 2013 年完成收购 LSI 后，Avogo 便将 LSI 的企业级闪存和 SSD 控制器业务以 4.5 亿美元的对价出售给了希捷（Seagate）；在收购博通后，因为博通 IoT 部门的利润率达不到公司规定的 30% 及格线，Avogo 将该业务部门以 5.5 亿美元出售；在 2017 年收购博科后，博通将数据中心资产、路由、交换和分析业务出售给极进网络（Extreme Networks），将无线和 ICX 交换机业务出售给 Arris。

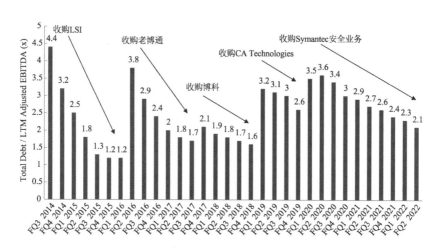

图 7.21　2014—2022 年博通偿债能力比率（总债务/前 12 个月
　　　　　调整后的 EBITDA 率）

数据来源：SemiAnalysis。

7.3.5　市值管理

复盘博通的并购史，可将其以小博大式的并购策略归纳为两点：一是选择业务协同性强且具备运营优化空间的细分市场龙头标的；二是在加杠杆完成收购后，要迅速降杠杆，回收自由现金流。从结果看，博通的收购是成功的，财务报表显示，公司的多次业绩加速和转折与收购呈强相关，公司在 2014 和 2016 年的两次重要营收加速节点以及 ROE 转折点，分别对应 LSI 和老博通的重大收购事件。同时，资本市场也认可博通的收购行为，它们显著推动了公司估值的抬升。

在细分赛道多但单一赛道市场规模有限的行业（如半导体行业）中，平台化通常是这类行业内的公司在传统业务发展到一定阶段后的主要成长路径。公司内部培育时间久、难度大，而并购则可以帮助公司在较短时间内切入新赛道，提升公司实力。

虽然博通高杠杆的并购行为存在较高的复制难度，但我们依然可以从中借鉴以下两点经验。

其一，博通的并购策略十分清晰，且执行到位，造就了其并购的高胜率。一方面，博通数次"蛇吞象"的并购看似疯狂，但管理层对并购项目的画像以及在并购完成后如何进行资产重组与协同的思考是十分清晰的。不论是 2018 年前对硬件端的拓展，还是 2018 年后对软件端的补足，博通的并购均围绕通信电子展开，是在公司能力范围之内进行的。另一方面，公司在并购前选择业务协同性强且具备运营优化空间的细分市场龙头标的，在并购完成后以利润率为重要考核指标，分拆、出售非核心业务部分。这种做法在扩大公司营收规模、保证公司盈利能力的同时，规避了并购形成的高杠杆风险，与当前市场上存在的单纯拼凑利润或者通过"跨行业讲故事"做大市值的并购有所不同。

其二，上市公司可以通过引入私募基金，借助其杠杆融资能力及资产运作能力进行并购与整合，最终实现双方共赢。在博通数次实施高杠杆并购的背后，离不开私募基金银湖资本和 KKR 在融资端及后续资产重组端的帮助。博通在 2013 年收购 LSI 时，获得了银湖资本 10 亿美元的可转债增资；在博通后续的几次大额并购以及折载的并购计划中，均离不开银湖资本的参与。银湖资本也在博通的投资中获得了丰厚的回报，2013 年博通公布针对 LSI 的收购计划后，Avogo 的股价在十二个月内实现了翻倍增长。

7.4 案例 4：宝洁

7.4.1　公司概况及业务布局

汰渍、佳洁士、飘柔、帮宝适……随意走进国内的一家商超，都能在货架上看到这些熟悉的日化品牌，他们均来自一家美国公司：宝洁（P & G）。从 1837 年的肥皂小作坊起家，如今的宝洁已成为市值超 4 000 亿美元的全球日化行业龙头，在全球 80 多个国家设有工厂及分公司，产品遍及北美、欧洲、亚太、拉美和 IMEA 等 180 个国家和地区，对全球日化市场有着深远的影响。在 2023 财年，宝洁实现营业收入 840.39 亿美元，净利润为 148.79 亿美元，分别约合人民币 5 997 亿元和 1 062 亿元。

作为一家典型的执行多品牌战略的公司，宝洁旗下共有美容、个人护理、卫生保健、织物和家庭护理以及婴儿、女性及家庭护理五大细分部门（表 7.11），每个部门均有市占率较高的核心品牌。

表 7.11　宝洁品牌矩阵

部门	销售占比	利润占比	产品品类	主要品牌
美容	18%	18%	头发护理（护发素、洗发水、造型辅助工具、护理）	海飞丝、伊卡璐、潘婷、飘柔
			皮肤和个人护理（止汗剂和除臭剂、个人清洁、皮肤护理）	玉兰油、欧仕派、舒肤佳、Secret、SK-Ⅱ、Native
个人护理	8%	9%	个人护理（男士剃须刀 & 刀片、女性剃毛刀 & 刀片、剃须/剃毛前后使用产品）	博朗、吉列、维纳斯
卫生保健	14%	14%	口腔护理（牙刷、牙膏、其他口腔护理产品）	佳洁士、欧乐 B
			个人健康护理（胃肠道、疼痛缓解、快速诊断、呼吸系统、维生素/矿物质/补充剂、其他个人健康护理产品）	美达施、纤维补充剂、Neurobion（内络必安）维生素、Pepto-Bismol 肠胃药、维克斯止咳药
织物和家庭护理	36%	34%	织物护理（织物增强剂、洗衣添加剂、洗衣洗涤剂）	汰渍、Gain、碧浪、当妮
			家庭护理（空气护理、餐具护理、宝洁专业护理、表面护理）	Cascade、Dawn、Fairy、风倍清、洁碧先生、速易洁

（续表）

部门	销售占比	利润占比	产品品类	主要品牌
婴儿、女性及家庭护理	24%	25%	婴儿护理（婴儿湿巾、尿布和裤子）	帮宝适、乐芙适
			女性护理（成人失禁、经期护理）	护舒宝、丹碧丝
			家庭护理（纸巾、纸巾、卫生纸）	帮庭、洁柔、Puffs

数据来源：宝洁财务报告。

（1）美容：美容部门旗下设有护肤和护发产品线，海飞丝、飘柔、玉兰油等消费者耳熟能详的品牌均在这一部门，其中，龙头护发品牌海飞丝和潘婷合计市占率达到20%，玉兰油的市场份额约为5%。2023年，美容部门为公司贡献了18%的营收和利润。

（2）个人护理：宝洁的个人护理部门由博朗、吉列、维纳斯三个品牌组成，主要供应剃须刀及配套产品。剃须刀市场品牌集中度较高，宝洁剃须刀和刀片的市场占有率已超过65%，三个品牌合计为公司创造了8%的销售收入以及9%的利润。

（3）卫生保健：卫生保健部门设有口腔护理和个人健康护理产品线，2023年为公司贡献了14%的营收和利润。公司拥有全球知名的口腔护理品牌佳洁士和欧乐B，两者合计占据市场20%的份额。

（4）织物和家庭护理：织物和家庭护理是宝洁体量最大的一块业务，主要为全球消费者提供洗衣液、洗碗液等各类洗涤剂产品，2023年创造了36%的营业收入和34%的利润。公司在全球织物护理领域排名全球第一，拥有35%的市场份额；在家庭护理领域，拥有 20% 的市场份额。

（5）婴儿、女性及家庭护理：该部门 2023 年创造了 24% 的营业收入和 25% 的利润。婴儿纸尿裤品牌帮宝适的市场占有率为 20%；女性经期护理品牌护舒宝、丹碧丝的合计市场占有率为 25%；公司的家庭纸品护理业务主要在北美运营，由帮庭纸巾和洁柔卫生纸两大品牌组成。帮庭纸巾在北美的市场份额超过 40%，洁柔卫生纸在北美的市场占有率超过 25%。

7.4.2　历史沿革

宝洁成立于 1837 年，距今已有近 200 年的历史。一家作坊式的杂货店如何成长为今天延续百年的日化帝国？如图 7.22 所示，复盘宝洁的经营历史可知，公司正是因为把握住了组织、品牌、营销这三个对消费品公司而言极为重要的管理元素，才能一次次地推动宝洁登上更高的台阶。

1. 企业初创期（1837—1923）：肥皂实现的初次成功

1837 年，威廉·普罗克特（Willian Procter）和詹姆斯·甘布尔（James Gamble）作为连襟成立了宝洁公司，在美国辛辛那提市一同从事肥皂和蜡烛的制造和销售工作。1882 年，宝洁公司开发出堪比进口香皂的本土"象牙香皂"，并向美国全境销售。在销售过程中宝洁实现了以下两点突破。

（1）宣传形式的突破。宝洁在美国投放大规模的印刷广告，又在电视剧中插播广告并植入电台节目，全方位宣传自家香皂产品，以至于当时美国的电视剧被称为"肥皂剧"。

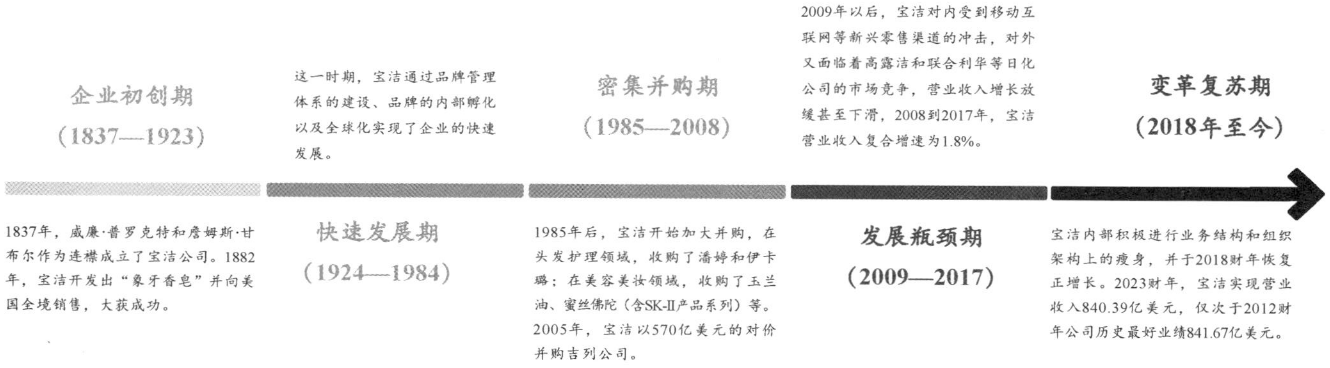
企业初创期
（1837—1923）
1837年，威廉·普罗克特和詹姆斯·甘布尔作为连襟成立了宝洁公司。1882年，宝洁开发出“象牙香皂”并向美国全境销售，大获成功。
快速发展期
（1924—1984）
这一时期，宝洁通过品牌管理体系的建设、品牌的内部孵化以及全球化实现了企业的快速发展。
密集并购期
（1985—2008）
1985年后，宝洁开始加大并购，在头发护理领域，收购了潘婷和伊卡璐；在美容美妆领域，收购了玉兰油、蜜丝佛陀（含SK-II产品系列）等。2005年，宝洁以570亿美元的对价并购吉列公司。
发展瓶颈期
（2009—2017）
2009年以后，宝洁对内受到移动互联网等新兴零售渠道的冲击，对外又面临着高露洁和联合利华等日化公司的市场竞争，营业收入增长放缓甚至下滑，2008到2017年，宝洁营业收入复合增速为1.8%。
变革复苏期
（2018年至今）
宝洁内部积极进行业务结构和组织架构上的瘦身，并于2018财年恢复正增长。2023财年，宝洁实现营业收入840.39亿美元，仅次于2012财年公司历史最好业绩841.67亿美元。

图 7.22　宝洁历史沿革

资料来源：根据公开资料整理。

（2）销售渠道的突破。公司雇用了 450 名销售人员绕过经销商直接向零售商销售产品，这一举措改变了传统杂货店的运作方式。凭借宣传形式和销售渠道的突破，宝洁的香皂在美国大受欢迎，成功赚取第一桶金。

2. 快速发展期（1924—1984）：品牌的拓展与全球化

从 1924 年到 1984 年，这是宝洁公司迅速扩展品类品牌并逐步成为大型跨国公司的 60 年。这一时期宝洁公司的快速发展缘于品牌管理体系的建设、品牌的扩张以及全球化的进程。

（1）品牌管理体系的建设：1924 年，宝洁成立市场调查部门，该部门的成立目标是寻找符合消费者的爱好和消费习惯的产品；1931 年，宝洁开始推行品牌管理策略，并建立了品牌经理制度，在品牌经理制度下，一个品牌经理全面管理一个品牌，不同品牌之间相互竞争。市场调查部门和品牌管理体系为宝洁后续实施多品牌策略打下了基础。

（2）品牌的扩展：这一时期宝洁内部孵育出多个品牌，产品品类也逐渐由单一的肥皂产品向多种日化产品横向扩张。1946 年，宝洁推出汰渍洗衣粉；1955 年，宝洁和印第安纳大学（Indiana University）联合开发了佳洁士牙膏；1961 年，公司推出一次性纸尿裤品牌帮宝适；1983 年，女性卫生用品品牌护舒宝上市。这些品牌如今仍是宝洁的核心品牌，在各自的细分市场占据较大的市场份额，也为宝洁贡献了主要收益。

（3）全球化进程：1930 年后，宝洁开启全球化进程，逐步从美国本土的日化企业向跨国公司转型。宝洁在 1930 年购买了英国 Thomas Hedley 公司，建立起第一个海外分支机构；后续又于 1930 到 1974 年间在菲律宾、墨西哥、法国、日本建立了分支机构和海外工厂。

3. 密集并购期（1985—2008）：多品牌、多品类矩阵持续完善

1981 年，宝洁的营业收入已经达到 114.1 亿美元，内生式的品牌发展并不足以支撑公司的进一步增长。这一时期，宝洁开始加大并购，在头发护理领域，收购了潘婷和伊卡璐；在美容美妆领域，陆续收购了玉兰油、欧仕派、封面女郎、蜜丝佛陀（含 SK-II 产品系列）等品牌。2005 年，宝洁以 570 亿美元的对价并购剃须刀品牌吉列，这也是宝洁公司历史上规模最大的一次并购。并购扩张策略的确再度提高了公司的营业收入增速，在 1985 年到 2007 年的 22 年间，宝洁旗下的子品牌一度超过 300 个，营收复合增速达到了 7.5%。

4. 发展瓶颈期（2009—2017）：内外冲击下的业务重整

2009 年以后，宝洁在内受到移动互联网等新兴零售渠道的冲击，在外又面临着高露洁和联合利华等日化公司的市场竞争，营业收入增长放缓、下滑，公司增长停滞。2008 到 2017 年，宝洁营业收入的复合增速为－1.8%。面对冲击，宝洁采取"瘦身"与聚焦策略，着手优化旗下的品牌组合。公司出售了其食品和宠物食品业务，并处置了旗下 100 多个品牌边缘品牌，将业务集中到婴儿、女性和家庭护理，织物及家居护理，美妆和健康以及美容这四个部门上来。

5. 变革复苏期（2018 年至今）：重回正增长

宝洁不仅在品类品牌上进行"瘦身"，将旗下品牌缩减至 65 个，同时在组织架构上也进行了精简和优化：2019 年，宝洁将业务部门由 10 个缩减为 6 个，这 6 大业务部门负责包括全球主要国家在内的 10 个宝洁区域市场的直接销售、产品创新和供应链管理，

这些市场的销售额大约占据宝洁收入的八成。宝洁的"瘦身"改革起到了一定效果，2018 财年，宝洁打破了过去近 9 年的停滞困局，重新实现增长，并于 2023 财年实现营业收入 840.39 亿美元，仅次于 2012 财年公司历史最好业绩 841.67 亿美元。

7.4.3　财务分析

从 2005 到 2024 财年，20 年来宝洁的营业收入与利润总体呈增长趋势，营业收入从 567 亿美元增长至 840 亿美元，复合增速为 2.1%；净利润从 72.57 亿美元增长至 148.79 亿美元，复合增速为 3.95%。

具体来看，这 20 年间宝洁公司经历了三个阶段（图 7.23）。①2005—2008 年，依靠外部并购实现双位数增长，2008 年营业收入达到 835.03 亿美元，三年间的复合增速为 13.8%；净利润增长

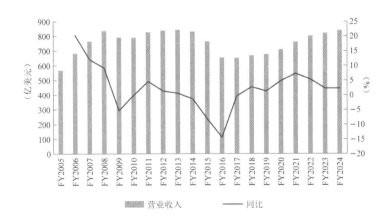

图 7.23　2005—2024 财年宝洁营业收入
数据来源：Wind 资讯。

至 120.75 亿美元，三年复合增速为 18.5%。②2008 年后，增长开始放缓，2013 年营收达到历史最高点 841.67 亿美元后，收入开始逐年下滑。2008—2017 年，公司营收复合增速为 −6.2%，净利润复合增速为 2.7%。③2018 年后公司重拾增长，至今营收复合增速为 3.9%，净利润复合增速为 7.3%。

从盈利能力的角度看，宝洁的销售毛利率一直以来稳定维持在 51% 左右（图 7.24），这可能与公司主营的必选消费品以及公司在行业内的龙头地位有关。必选消费品的下游需求比较刚性，作为行业的价格领导者，宝洁有能力设定满足自身盈利要求的价格并被市场接受。宝洁公司的销售净利率在过去的 20 年间出现了两次异常值。第一次是 2015 年的 9.37%，主要原因为 2015 年公司开展了"品牌瘦身"计划，包括对委内瑞拉品牌的拆分以及对旗下小品牌的资产剥离，总计产生了 20.28 亿美元的影响。第二次是 2019 年的

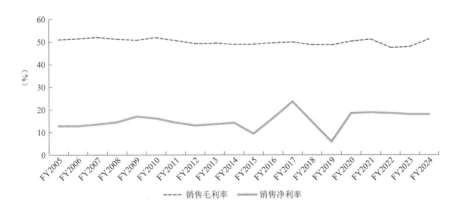

图 7.24　2005—2024 财年宝洁的销售毛利率和销售净利率变化

数据来源：Wind 资讯。

5.86%，主要原因是公司以汇率调整和发达市场刀片业务萎缩为由，对吉列计提了83.45亿美元的商誉减值。

1980年后，宝洁频繁地进行高溢价对外收购，相应地，其在资产负债表上也积累了庞大的商誉，截至2024财年，公司商誉及无形资产科目的账面价值为623.5亿美元，成为其最大的资产科目。但需要注意的是，如果并购品牌未来无法持续增长，则账面上的高额商誉将存在减持风险，影响公司的营收表现，从2015和2019年的经验看，这还会影响企业收益和股东利益。财务报表上庞大的商誉或是宝洁在未来最大的经营风险之一。

从现金流的角度看，公司现金充裕，符合必选消费品企业的特点。如图7.25所示，公司经营现金流和自由现金流总量整体不断增长，自由现金流由2005财年的65.41亿美元增长至2024财年的165.24亿美元，账面上充裕的现金流为公司每年的分红、回购、收购或其他投资奠定了坚实的基础。

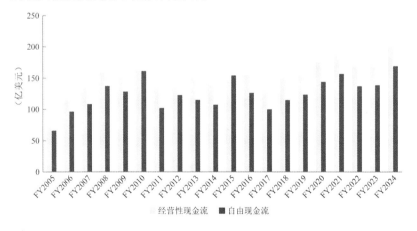

图7.25　2005—2024财年宝洁经营性现金流及自由现金流变化

数据来源：Wind资讯。

7.4.4　组织管理复盘

1. 股权结构

与雅诗兰黛等采用家族企业制经营模式的公司不同，在 1934 年第三代领导者库柏（William Cooper Procter）卸任后，宝洁创始人家族就退出了公司经营，将公司交由职业经理人管理。从股权来看，宝洁共发行 23.54 亿股，股权结构极度分散，其中，2 900 多家机构投资者合计持有宝洁 64% 的股份。目前，宝洁最大的股东是先锋集团（Vanguard Group Inc.），持股 9.59%；其次是贝莱德集团（BlackRock Inc.），占比 6.45%。

个人投资者占宝洁股权结构的 36%，这一相对较高的个人投资者比例主要缘于宝洁已实施一个多世纪的员工持股计划。1891 年，宝洁于纽约证券交易所上市，第二年就推出了员工持股计划，鼓励员工持股。

2. 组织管理

宝洁在 1890 年就开始实施公司制的经营模式，并于 1931 年引入职业经理人的管理制度，是较早实施"公司制 + 职业经理人"模式的企业之一。在职业经理人的培养方面，宝洁采用典型的美式公司治理方案，具有完善的内部接班人计划，首席执行官的交替并不影响公司一致性战略的执行。

在组织架构方面，全球事业部和区域市场组织构成宝洁的基本矩阵组织，提升了公司的经营效率，因为各事业部和地域市场能够根据自身需求和市场变化快速做出响应。宝洁的公司架构由全球业务单元（GBU）、市场开发组织（MDO）和全球共享服务（GSS）组成（图 7.26）。全球业务单元下设基于品牌的全球事业部，每个品类的事业部负责制定全球范围的整体品牌战略、新产品升级和创新计划以及营销计划等。市场开发组织单元负责制定并执行产品的上市计划以及后续的销售和渠道管理，与全球业务单元按照事业部划分权责不同，市场开发组织按照区域进行管理，将全球市场划分为六大区域：欧洲，亚太区，大中华区①（宝洁已将大中华区市场从亚太区市场中独立出来，要求其直接向美国总部汇报），印度、

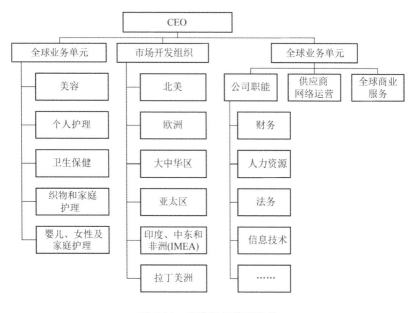

图 7.26　宝洁组织管理架构

资料来源：FourWeekMBA。

---

① "大中华区"这个词汇常见于经济、商业领域，在 20 世纪八九十年代多见，尤其是在一些境外跨国公司，它们将涉及中国内地、中国香港、中国澳门、中国台湾以及新加坡等区域的业务组成为一个所谓"大中华区"的部门，以便区域市场和资源整合。

中东及非洲（IMEA），拉丁美洲，北美洲。全球共享服务单元负责宝洁全球后台职能性事务的处理，针对财务、人力资源、采购等具备共性、流程标准化的事务性职能，构建了共享服务体系。在操作层面，全球共享服务单元实施全球化的内包策略，甚至会将部分功能外包给业务流程服务公司。

7.4.5　品牌战略复盘

宝洁品牌管理的核心是多品牌管理制度。多品牌管理是指一个公司为了满足不同消费者的需求，同时运营多个品牌的管理模式。研究证明，消费者对于集团旗下某一品牌的喜爱与信任通常具有溢出效应，会正向影响其对旗下其他品牌的看法。同时，日化行业细分程度极高，单一品类的市场往往存在天花板，无法满足所有客群的不同需求，而且不同品类间关联度不高。如果公司集中在一个品类发力，大概率难以维系公司的长期增长。因此日化行业常实施多品牌管理策略，通过对营销渠道和销售渠道的协同复用，利用成熟的管理经验，提高市场占有率，维持公司增长动能。

宝洁的多品牌管理并非单纯在同一品类上培育不同品牌，而是在同一品类中寻找差异化优势，打通细分市场。如在头发护理领域，宝洁旗下有海飞丝、伊卡璐、潘婷、飘柔四个品牌。其中，海飞丝主打去屑，伊卡璐主打花草香味，飘柔主打柔顺，潘婷主打修复受损，各个品牌功能不同，相互独立，可以精准满足不同消费者的需求。

但消费者的需求会改变，同一品类下的不同品牌难免会存在内部竞争，争夺公司内部资源。为了提升公司的资源利用率和配置效率，避免恶性竞争和相互推诿，宝洁采用品牌管理和品类管理并行的制度：在每个品牌内部设立品牌经理，扮演品牌 CEO 的角色，全权负责该品牌下所有产品的经营；在品牌经理之上单独设立大品牌经理，其主要任务是考察同一品类下不同品牌的市场定位是否合适，以及是否存在定位冲突，并进一步在不同品牌间分配资源。宝洁的多品牌策略也被国内许多日化美护企业模仿学习，如上海家化集团也实行多品牌策略，其在皮肤护理领域拥有主打天然植物护肤的佰草集和主打功能性护肤的玉泽等多个品牌。

7.4.6　营销策略复盘

宝洁营销策略的核心是大规模的广告投放。宝洁第一款象牙香皂的成功，依靠的便是多渠道、大规模的广告投放。1889 年，宝洁把 70% 的广告预算花在了旗下象牙肥皂的广告宣传上，在电视剧中密集插播肥皂广告。广告宣传为产品带来了溢价，而溢价又为渠道带来了更高的推广收益，经销商更愿意销售"象牙"肥皂和其他的宝洁产品，由此进入营销—渠道推广—销售的正向循环。

当前，广告营销已经成为宝洁营销体系中不可或缺的一部分。作为全球最大的广告主之一，宝洁在 2023 财年的广告费高达 80 亿美元（图 7.27）。宝洁广告营销方法论的核心要点如下。①重视有效传播而非娱乐。宝洁的市场营销部门会在广告制作阶段和广告投

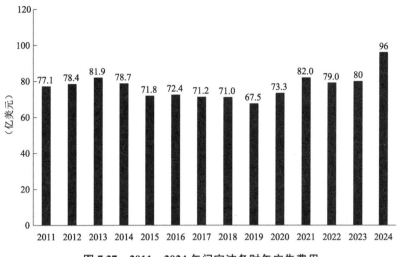

图 7.27　2011—2024 年间宝洁各财年广告费用

数据来源：宝洁财报、Statista 网站。

放前后多次测试广告传播效果，不断调整广告的样式和内容以增强传播力。②重视产品效能的传达，而非打"情感牌"。宝洁的广告通常采用简单明确的示范式手法，如让代言明星在广告中使用汰渍洗衣液洗衣，或者使用海飞丝沐发，直观展示产品效果。

7.4.7　市值管理

宝洁于 1890 年在美国上市，为标普 500 指数成分股之一，当前市值超 4 000 亿美元。从 1980 年公司股价有数据记载以来，宝洁股价复权后涨幅已超 240 倍（图 7.28），投资回报收益远优于标普 500 指数。

宝洁的股价之所以可以在近 200 年内一次又一次地成功穿越经济周期，主要归因于以下两点。一是公司的内在价值。宝洁优秀的

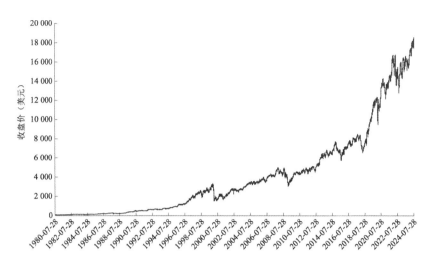

图 7.28　1980—2024 年宝洁公司复权后股价变化图
数据来源：Wind 资讯。

组织管理、品牌管理以及营销管理模式构建了宝洁经营的隐性"护城河"，这能帮助公司旗下的核心品牌维持领先的市场占有率，并有能力切入新兴市场并争夺市场地位，近 200 年来宝洁持续增长的业绩已经证明了这一点。二是公司慷慨的分红政策。自 1890 年上市以来，宝洁已持续 134 个财年进行分红，近 67 年来分红额不断增长，2024 财年的分红总额达到 91.78 亿美元，股息支付率达到 62%。公司 2007 年以来的平均股息支付率为 65%，平均股息率为 2.73%，对股东极为友好。除分红外，宝洁还定期对股票进行回购，2024 财年，公司股票回购合计 53 亿美元。作为一种有效的市值管理工具，回购可以直接增加上市公司股票的需求，提振股价。同时，在回购后注销股票，能够缩小股本，在低利润增长率的环境下也可以维护公司的 eps（每股收益），并推动 eps 的增长。

附 录

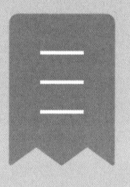

市值管理
相关监管规则

附录 1　各类板块 IPO 的要求

附表 1　各类板块 IPO 的要求

		主板	创业板	科创板	北交所	"新三板"
非红筹企业	基本条件	(一) 符合《中华人民共和国证券法》(以下简称"《证券法》"),中国证券监督管理委员会(以下简称"中国证监会")规定的发行条件; (二) 发行后股本总额不低于 5 000 万元; (三) 公开发行的股份达到公司股份总数的 25% 以上;公司股本总额超过 4 亿元的,公开发行股份的比例为 10% 以上; (四) 市值及财务指标符合本规则规定的标准; (五) 上交所/深交所要求的其他条件。	(一) 符合中国证监会规定的创业板发行条件; (二) 发行后股本总额不低于 3 000 万元; (三) 公开发行的股份达到公司股份总数的 25% 以上;公司股本总额超过 4 亿元的,公开发行股份的比例为 10% 以上; (四) 市值及财务指标符合本规则规定的标准; (五) 深交所要求的其他条件。	(一) 符合中国证监会规定的发行条件; (二) 发行后股本总额不低于 3 000 万元; (三) 公开发行的股份达到公司股份总数的 25% 以上;公司股本总额超过 4 亿元的,公开发行股份的比例为 10% 以上; (四) 市值及财务指标符合本规则规定的标准; (五) 上交所规定的其他上市条件。	(一) 发行人为在全国股转系统连续挂牌满 12 个月的创新层挂牌公司; (二) 符合中国证监会规定的发行条件; (三) 最近一年期末净资产不低于 5 000 万元; (四) 向不特定合格投资者公开发行的股份不少于 100 万股,发行对象不少于 100 人; (五) 公开发行后,公司股本总额不少于 3 000 万元; (六) 公开发行后,公司股东人数不少于 200 人,公众股东持股比例不低于公司股本总额的 25%;公司公众股东持股比例不低于公司股本总额的 10%;	申请挂牌公司应当是依法设立且合法存续的股份有限公司,股本总额不低于 500 万元,并同时符合下列条件: (一) 股权明晰,股票发行和转让行为合法合规; (二) 公司治理健全、合法规范经营; (三) 业务明确,具有持续经营能力; (四) 主办券商推荐并持续督导; (五) 全国中小企业股份转让系统股份转让公司(以下简称"全国股份转让公司")要求的其他条件。

（续表）

		主板	创业板	科创板	北交所	"新三板"
非红筹企业	基本条件	发行人是依法设立且持续经营三年以上的股份有限公司,具备健全且运行良好的组织机构,相关机构和人员能够依法履行职责;			(七)市值及财务指标符合本规则规定的标准; (八)北交所规定的其他上市条件。	至少符合下列标准中的一项: (一)持续经营不少于两个完整的会计年度; (二)申请挂牌公司主要业务属于人工智能、数字经济、互联网应用,医疗健康,新材料,高端装备制造,节能环保,现代服务业等新经济领域以及基础软件、基础工艺等器件,基础工艺等产业基础领域,目前符合国家战略,拥有关键核心技术,主要依靠核心技术开展生产经营,具有明确可行的经营规划的,持续经营时间可以少于两个完整会计年度但不符合下列一个条件之一年度,并符合下列条件之一: (1)最近一年研发投入不低于1 000万元,且最近12个月或挂牌同时定向发行获得专业投资者股权投资金额不低于2 000万元;
	经营年限	有限责任公司按原账面净资产值折股整体变更为股份有限公司的,持续经营时间可以从有限责任公司成立之日起计算。	持续经营三年以上	持续经营三年以上	在全国股转系统连续挂牌满12个月的创新层挂牌公司	

（续表）

		主板	创业板	科创板	北交所	"新三板"
非红筹企业	经营年限					(2) 挂牌时即采取做市交易方式，挂牌同时向不少于4家做市商在内的对象定向发行股票，按挂牌同时定向发行价格计算的市值不低于1亿元。
	市值及财务指标	至少符合下列标准中的一项： （一）最近三年净利润均为正，且最近三年净利润累计不低于2亿元，最近一年净利润不低于1亿元，最近三年经营活动产生的现金流量净额累计不低于2亿元或营业收入累计不低于15亿元； （二）预计市值不低于50亿元，且最近一年净利润为正，最近一年营业收入不低于6亿元，最近3年经营活动产生的现金流量净额累计不低于2.5亿元； （三）预计市值不低于100亿元，且最近一年净利润为正，最近一年营业收入不低于10亿元。	至少符合下列标准中的一项： （一）最近两年净利润均为正，且累计净利润不低于1亿元，且最近一年净利润不低于6000万元； （二）预计市值不低于15亿元，最近一年净利润为正且营业收入不低于4亿元； （三）预计市值不低于50亿元，且最近一年营业收入不低于3亿元。	至少符合下列标准中的一项： （一）预计市值不低于10亿元，最近两年净利润均为正且累计净利润不低于5000万元，或者预计市值不低于10亿元，最近一年净利润为正且营业收入不低于1亿元； （二）预计市值不低于15亿元，最近一年营业收入不低于2亿元，且最近三年累计研发投入占最近三年累计营业收入的比例不低于15%； （三）预计市值不低于20亿元，最近一年营业收入不低于3亿元。	至少符合下列标准中的一项： （一）预计市值不低于2亿元，最近两年净利润均不低于1500万元且加权平均净资产收益率平均不低于8%，或者最近一年净利润不低于2500万元且加权平均净资产收益率不低于8%； （二）预计市值不低于4亿元，最近两年营业收入平均不低于5000万元且最近一年营业收入增长率不低于20%，或者最近一年经营活动产生的现金流量净额为正； （三）预计市值不低于8亿元，最近一年营业收入不低于2亿元，最近两年研发投入合计占最近两年营业收入合计比例不低于8%；	不满足经营年限中第二条标准的公司，应当一期末每股净资产应当不低于1元/股，并满足下列条件之一： （一）最近两年净利润均为正且累计净利润不低于800万元，或者最近一年净利润不低于600万元； （二）最近两年营业收入平均不低于3000万元且最近一年营业收入增长率不低于20%，或者最近一年营业收入不低于5000万元且经营活动现金流净额为正； （三）最近一年营业收入不低于3000万元，最近两年研发投入累计占最近两年累计营业收入比例不低于5%； （四）最近两年研发投入累计不低于1000万元，且最近24个月内获得专业投资机构或挂牌同时定向发行权益投资金额不低

（续表）

	主板	创业板	科创板	北交所	"新三板"
市值及财务指标	营业收入不低于10亿元。		且最近三年经营活动产生的现金流量净额累计不低于1亿元；（四）预计市值不低于30亿元，且最近一年营业收入不低于3亿元；（五）预计市值不低于40亿元，主要业务或产品经国家有关部门批准，市场空间大、目前已取得阶段性成果。医药行业企业需取得一项核心产品获准开展二期临床试验，其他符合科创板定位的企业需具备明显的技术优势并满足相应条件。	（四）预计市值不低于15亿元，最近两年研发投入合计不低于5000万元；	于2000万元；（五）挂牌时即采取做市交易方式，挂牌同时向不少于4家做市商在内的对象定向发行股票，按挂牌同时定向发行价格计算的市值不低于1亿元。
非红筹企业 市值及财务标准（发行人具有表决权差异安排的）	至少符合下列标准中的一项：（一）预计市值不低于200亿元，且最近一年净利润为正；（二）预计市值不低于100亿元，且最近一年净利润为正，营业收入不低于10亿元。	至少符合下列标准中的一项：（一）预计市值不低于100亿元；（二）预计市值不低于50亿元，且最近一年营业收入不低于5亿元。	至少符合下列标准中的一项：（一）预计市值不低于人民币100亿元；（二）预计市值不低于人民币50亿元，且最近一年营业收入不低于人民币5亿元。	发行人具有表决权差异安排的，该安排应当平稳运行至少一个完整会计年度，且相关信息披露和公司治理应当符合证监会及全国股转公司相关规定。	设有表决权差异安排的公司申请股票公开转让并挂牌的，应当符合全国股转系统关于表决权差异安排设置条件、设置程序、投资者保护、规范运作等方面规定，并已履行完毕设置程序。

（续表）

		主板	创业板	科创板	北交所	"新三板"
	基本条件	（一）符合《证券法》、中国证监会规定的发行条件；（二）发行股票的，发行后的股份总数不低于5 000万股；（三）发行股票的，公开发行（含已公开发行）的股份达到公司股份总数的25%以上；公司股份总数超过4亿股的，公开发行（含公开发行）股份的比例为10%以上；（四）市值及财务指标符合本规则规定的标准；（五）上交所/深交所要求的其他条件。	（一）符合中国证监会规定的创业板发行条件；（二）发行后的股份总数不低于3 000万股；（三）公开发行的股份达到公司股份总数的25%以上；公司股份总数超过4亿股的，公开发行股份的比例为10%以上；（四）市值及财务指标符合本规则规定的标准；（五）深交所要求的其他上市条件。	（一）符合证监会规定的发行条件；（二）发行后的股份总数不低于3 000万股；（三）公开发行的股份达到公司股份总数的25%以上；公司股份总数超过4亿股的，公开发行股份的比例为10%以上；（四）市值及财务指标符合本规则规定的标准；（五）上交所规定的其他上市条件。	—	—
红筹企业	市值及财务指标（已在境外上市的红筹企业）	至少符合下列标准中的一项：（一）市值不低于2 000亿元；（二）市值不低于200亿元以上，且拥有自主研发、国际领先技术，科技创新能力较强，在同行业竞争中处于相对优势地位。	—	—		

（续表）

	主板	创业板	科创板	北交所	"新三板"
红筹企业 市值及财务指标（未在境外上市的红筹企业）	至少符合下列标准中的一项： （一）预计市值不低于200亿元，且最近一年营业收入不低于30亿元； （二）营业收入快速增长，拥有自主研发、国际领先技术，在同行业竞争中处于相对优势地位，且预计市值不低于100亿元； （三）营业收入快速增长，拥有自主研发、国际领先技术，在同行业竞争中处于相对优势地位，且预计市值不低于50亿元，且最近一年营业收入不低于5亿元。 前款规定的营业收入快速增长，应当符合下列标准中的一项： （一）最近一年营业收入不低于5亿元的，最近3年营业收入复合增长率10%以上；	至少符合下列标准中的一项： （一）预计市值不低于100亿元； （二）预计市值不低于50亿元，且最近一年营业收入不低于5亿元。 前款所称营业收入快速增长，指符合下列标准之一： （一）最近一年营业收入不低于5亿元的，最近三年营业收入复合增长率10%以上； （二）最近一年营业收入不低于5亿元的，最近三年营业收入复合增长率20%以上； （三）受行业周期性影响，行业整体处于下行周期的，发行人最近一年营业收入高于同行业可比公司同期增长水平。	至少符合下列标准之一： （一）预计市值不低于人民币100亿元； （二）预计市值不低于人民币50亿元，且最近一年营业收入不低于人民币5亿元。 前款所称营业收入快速增长，指符合下列标准之一： （一）最近一年营业收入不低于人民币5亿元的，最近三年营业收入复合增长率10%以上； （二）最近一年营业收入不低于人民币5亿元的，最近三年营业收入复合增长率20%以上； （三）受行业周期性影响，行业整体处于下行周期的，发行人最近三年营业收率高于同行业最近三年营业收入复合增长率高于同	—	—

（续表）

		主板	创业板	科创板	北交所	"新三板"
红筹企业	市值及财务指标（未在境外上市的红筹企业）	（二）最近一年营业收入低于5亿元的，最近三年营业收入复合增长率20%以上； （三）受行业周期性波动等因素影响，行业整体处于下行周期的，发行人最近三年营业收入复合增长率高于同行业可比公司同期平均增长水平。 处于研发阶段的红筹企业和对国家创新驱动发展战略有重要意义的红筹企业，不适用"营业收入快速增长"的上述要求。	处于研发阶段的红筹企业和对国家创新驱动发展战略有重要意义的红筹企业，不适用"营业收入快速增长"的规定。	行业可比公司同期平均增长水平。 处于研发阶段的红筹企业和对国家创新驱动发展战略有重要意义的红筹企业，不适用"营业收入快速增长"上述要求。	—	—

（续表）

	主板	创业板	科创板	北交所	"新三板"
合法合规相关规定	发行人生产经营符合法律、行政法规的规定，符合国家产业政策。	发行人业务完整，具有直接面向市场独立持续经营的能力： （一）资产完整，业务及人员、财务、机构独立，与控股股东、实际控制人及其控制的其他企业间不存在对发行人构成重大不利影响的同业竞争，不存在严重影响独立性或者显失公平的关联交易； （二）主营业务、控制权和管理团队稳定。首次公开发行股票并在主板上市的，最近三年内主营业务和董事、高级管理人员没有发生重大不利变化；首次公开发行股票并在创业板、科创板上市的，最近二年内主营业务和董事、高级管理人员没有发生重大不利变化；首次公开发行股票并在主板、创业板上市的，最近二年实际控制人没有发生变更；首次公开发行股票并在科创板、创业板上市的、最近二年实际控制人没有发生变更； （三）不存在涉及重大担保、诉讼、仲裁等或有事项、经营环境已经发生或者将要发生重大变化等对持续经营有重大不利影响的事项。	发行人业务完整，具有直接面向市场独立持续经营的能力；与控股股东、实际控制人及其控制的其他企业间不存在对发行人构成重大不利影响的同业竞争，不存在严重影响独立性或者显失公平的关联交易； （二）主营业务、控制权和管理团队稳定。首次公开发行股票并在主板上市的，最近三年内主营业务和董事、高级管理人员没有发生重大不利变化；首次公开发行股票并在创业板、科创板上市的，最近二年内主营业务和董事、高级管理人员没有发生重大不利变化；首次公开发行股票并在主板的、最近三年实际控制权没有变化；首次公开发行股票并在创业板、科创板上市的、最近二年内实际控制权没有发生变化；核心技术人员的股份权属清晰，不存在导致控制权可能变更的、最近三年内主板、创业板上市的、 （三）不存在涉及技术、商标等的重大权属纠纷、重大诉讼、仲裁等重大事项、经营环境已经发生重大偿债风险、重大担保、诉讼、仲裁等或有事项、经营环境已经发生或者将要发生重大变化等对持续经营有重大不利影响的事项。	不得存在下列情形： （一）最近 36 个月内，发行人及其控股股东、实际控制人及其控制的其他企业因贪污、贿赂、侵占财产、挪用财产或者破坏社会主义市场经济秩序的刑事犯罪，或者存在欺诈发行、重大信息披露违法或者其他涉及国家安全、公共安全、生态安全、生产安全、公众健康安全等领域的重大违法行为； （二）最近 12 个月内，发行人及其控股股东、实际控制人、董事、监事、高级管理人员受到中国证监会行政处罚，或因涉嫌犯罪正在被司法机关立案侦查或者涉嫌违法违规正在被中国证监会立案调查且尚未有明确结论意见；	不得存在以下情形： （一）最近 24 个月以内，申请挂牌公司或其控股股东、实际控制人，重要控股子公司因贪污、贿赂、侵占财产、挪用财产或者破坏社会主义市场经济秩序的刑事犯罪，或被司法机关作出有罪判决、或刑事处罚且未执行完毕； （二）最近 24 个月以内，申请挂牌公司或其控股股东、实际控制人，重要控股子公司存在欺诈发行、重大信息披露违法或者其他涉及国家安全、公共安全、生态安全、生产安全、公众健康安全等领域的重大违法行为； （三）最近 12 个月以内，申请挂牌公司或其控股股东、实际控制人，重要控股子公司、董事、监事、高级管理人员被中国证监会采取行政监管措施及其他处罚；董事、监事、高级管理人员正被司法机关立案侦查或涉嫌违法违规正被中国证监会及其派出机构立案调查； （四）申请挂牌公司或实际控制人、董事、监事、高级管理人员因涉嫌犯罪被司法机关立案侦查或涉嫌违法违规正被中国证监会及其派出机构立案调查，尚未有明确结论意见；

（续表）

	主板	创业板	科创板	北交所	"新三板"
合法合规相关规定				（四）发行人及其控股股东、实际控制人被列入失信被执行人名单且情形尚未消除； （五）最近36个月内，未按照《证券法》和中国证监会的相关规定在每个会计年度结束之日起4个月内编制并披露年度报告，或者未在每个会计年度的上半年结束之日起2个月内编制并披露中期报告； （六）中国证监会和北交所规定的、对发行人经营稳定性、直接面向市场独立持续经营的能力具有重大不利影响，或者存在发行人利益受到损害等其他情形。	未有明确结论意见； （五）申请挂牌公司或其控股股东、实际控制人、重要控股子公司、董事、监事、高级管理人员被列为失信联合惩戒对象且尚未消除； （六）申请挂牌公司董事、监事、高级管理人员被全国股转公司认定其他措施、或被全国股转公司和全国股份转让系统公司规定的其他情形。
参考资料	1.《上海证券交易所股票上市规则（2024年4月修订）》； 2.《深圳证券交易所股票上市规则（2024年修订）》； 3.《首次公开发行股票注册管理办法》	1.《深圳证券交易所创业板股票上市规则（2024年修订）》； 2.《首次公开发行股票注册管理办法》	1.《上海证券交易所科创板股票上市规则（2024年4月修订）》； 2.《首次公开发行股票注册管理办法》	《北京证券交易所上市规则（试行，2024年修订）》	《全国中小企业股份转让系统股票挂牌规则》

附录2　各类板块锁定期规定

附表2　各个板块锁定期相关规定

股份类别与情形		适用板块	适用主体	锁定期相关规定	参考资料
IPO前已发行的股份	一般情形	主板、创业板、科创板	一般股东	自发行人股票上市之日起1年内不得转让。	各板块股票上市规则（2024年4月修订）
			控股股东和实际控制人	自发行人股票上市之日起36个月内，不转让或者委托他人管理其直接和间接持有的发行人首次公开发行股票前已发行的股份，也不由发行人回购该部分股份。	
				公司上市后6个月内如公司股票连续20个交易日的收盘价均低于发行价，或者上市后6个月期末收盘价低于发行价，持有公司股票的锁定期限自动延长至少6个月。	《中国证监会关于进一步推进新股发行体制改革的意见》（〔2013〕42号）
				发行人上市当年及之后第二年、第三年较上市前一年扣除非经常性损益后归母净利润下滑50%以上等情形的，可以承诺延长其届时所持股份锁定期限。	《监管规则适用指引——发行类第10号》
		创业板、科创板	控股股东和实际控制人	公司上市时未盈利的，在公司实现盈利前：控股股东、实际控制人自公司股票上市之日起3个完整会计年度内，不减持首发前股份；自公司股票上市之日起第4个完整会计年度和第5个完整会计年度内，每年减持的首发前股票不得超过公司股份总数的2%，并应当符合《上海证券交易所上市公司股东及董事、监事、高级管理人员减持股份实施细则》关于减持股份的相关规定。	各板块股票上市规则（2024年4月修订）

（续表）

股份类别与情形		适用板块	适用主体	锁定期相关规定	参考资料
IPO前已发行的股份	一般情形	主板、创业板、科创板	突击入股的股东	发行人申报前6个月内进行增资扩股的，新增股份的持有人应当承诺：新增股份自发行人完成增资扩股工商变更登记手续之日起锁定36个月。在申报前六个月从控股股东或者实际控制人处受让的股份，应当比照控股股东或者实际控制人所持股份进行锁定（锁定36个月）。	《证券期货法律适用意见第17号》
	特殊情形	主板	控股股东和实际控制人	发行人提交申请前12个月内新增股东的，应当承诺所持新增股份自取得之日起36个月内不得转让。自发行人股票上市之日起1年后，出现下列情形之一的，经上述承诺主体申请并经本所同意，可以豁免36个月锁定期：（一）转让人股票上市之日起1年后，转让双方均受同一实际控制人所控制，或者均受同一实际控制人所控制；（二）因上市公司陷入危机或者面临严重财务困难，受让人提出挽救公司的方案取得该公司股东大会审议通过和有关部门批准，且受让人承诺继续遵守上述承诺；（三）本所认定的其他情形。	《监管规则适用指引—关于申请首发上市企业股东信息披露》
		创业板、科创板		转让双方存在控制关系或者受同一实际控制人控制的，自发行人股票上市之日起12个月后，可豁免36个月锁定期。	各板块股票上市规则（2024年4月修订）

（续表）

股份类别与情形		适用板块	适用主体	锁定期相关规定	参考资料
IPO前已发行的股份	特殊情形	主板、创业板、科创板	发行人没有或者难以认定实际控制人的	发行人股东应当按持股比例从高到低依次承诺其所持股份自上市之日起锁定36个月，直至锁定股份的总数不低于发行前股份总数的51%。对于具有一致行动关系的股东，应当合并后计算持股比例再进行排序锁定。 位列上述应当予以锁定的51%股份范围的股东，符合下列情形之一的，可不适用上述锁定36个月的规定： （1）员工持股计划； （2）持股5%以下的股东； （3）非发行人第一大股东且符合一定条件的创业投资基金股东，具体条件参照创业投资基金的监管规定。	《证券期货法律适用意见第17号》
向特定对象发行的股票（非公开发行的股票）		主板、创业板、科创板	特定对象	自发行结束之日起6个月内不得转让。 以下情形的，其认购的股票自发行结束之日起18个月内不得转让： （一）上市公司的控股股东、实际控制人或者其控制的关联人； （二）通过认购本次发行的股票取得上市公司实际控制权的投资者； （三）董事会拟引入的境内外战略投资者。	《上市公司证券发行注册管理办法》第59条

附录3 增持监管规则

附表3 增持相关规定

	上交所	深交所
适用情形	（一）在一个上市公司中拥有权益的股份达到或者超过该公司已发行股份的30%但未达到50%的，自上述事实发生之日起1年后，每12个月内增持不超过该公司已发行的2%的股份； （二）在一个上市公司中拥有权益的股份达到或者超过该公司已发行股份的50%的，继续增加其在该公司拥有的权益且不影响该公司的上市地位。	（一）在一个上市公司中拥有权益的股份达到或者超过本公司已发行股份的30%但未达到50%的，自上述事实发生之日起一年后，每十二个月内增持不超过本公司已发行的2%的股份； （二）在一个上市公司中拥有权益的股份达到或者超过本公司已发行股份的50%的，继续增加其在本公司拥有的权益不影响本公司的上市地位； （三）上市公司控股股东、5%以上股东、董事、监事和高级管理人员披露股份增持计划。
适用主体	符合上述适用情形的股东及其一致行动人	上市公司控股股东、5%以上股东、董事、监事和高级管理人员
增持期限	自增持计划披露之日起最长不得超过12个月	自公告披露之日起不得超过6个月
增持要求	（1）在上市公司发布相关股东增持计划实施完毕公告前，相关股东不得减持该公司股份； （2）相关股东增持前持股比例在30%至50%之间的，增持计划实施期限不超过12个月且首次增持与后续增持比例合计不超过2%；	（1）在上市公司发布相关增持主体增持计划实施完毕公告前，该增持主体不得减持本公司股份； （2）相关股东增持前持股在30%至50%之间的，增持计划实施期限不超过6个月且首次增持与后续增持比例合计不超过2%；

（续表）

	上交所	深交所
增持要求	（3）持股比例在50%以上的相关股东拟通过集中竞价方式继续增持上市公司拥有权益的股份，且不影响该公司的上市地位，自累计增持股份比例达到该公司已发行股份2%的当日起至公司发布公告之日的期间，不得再行增持股份； （4）相关股东在前次增持计划期限届满或者实施完毕后可提出新的增持计划。	（3）拥有权益的股份达到或者超过本公司已发行股份的50%的，通过集中竞价方式每累计增持股份比例达到公司已发行股份的2%的，在事实发生之日起至公司披露增持进展公告日，不得再行增持公司股份。
披露要求	（1）在单项增持计划中的首次增持行为发生之日，应将增持情况通知上市公司，公司应当及时发布发布增持股份的公告； （2）相关股东自首次增持行为发生之日起，拟继续增持股份的，将后续增持计划一并通知上市公司，公司应当在披露股份增持公告中披露相关股东后续增持计划； （3）原定增持计划期限过半，相关股东实际增持数量或者金额未达到区间下限50%的，应当公告说明原因。原定增持计划实施期限过半或者未达到半，相关股东后续增持安排，实施进展；并于此后每月月披露1次增持计划实施进展；	（1）首次披露股份增持情况并拟继续增持的，应该披露其后续增持股份增持计划； （2）相关增持主体披露股份增持计划后，在拟定的增持计划实施期限过半时，应当在事实发生之日通知公司，及时公司在次一交易日前披露增持股份进展公告； （3）拥有权益的股份达到或者超过本公司已发行股份达到公司已发行股份的30%的，应当在增持计划完成时或者实施期限届满时（但未达到50%的）或者在全部增持计划完成时，及时通知公司，聘请律师就本次股份增持行为是否符合《证券法》《上市公司收购管理办法》等有关规定发表专项核查意见，并委托公司在增持行为完成后三日内披露股份增持结果公告和律师核查意见；

（续表）

	上交所	深交所
披露要求	（4）相关股东应当在增持计划实施完毕或者实施期限届满后及时向上市公司通报增持计划的实施情况； （5）相关股东增持前持股比例在30%以上的，还应当聘请律师就本次增持行为是否符合《证券法》《上市公司收购管理办法》等有关规定发表专项核查意见。公司应当及时披露增持计划实施结果公告和律师核查意见； （6）上市公司按照规定发布定期报告时，相关增持主体的增持计划尚未实施完毕，或者其实施期限尚未届满的，上市公司应当在各定期报告中披露相关增持主体增持计划的实施情况。	（4）拥有权益的股份达到或者超过本公司已发行股份的50%的，应当在增持行为完成时，及时通知公司，并聘请律师就本次股份增持行为是否符合《证券法》《收购管理办法》等有关规定发表专项核查意见，并委托公司在增持行为完成后三日内披露股份增持结果公告和律师核查意见； （5）拥有权益的股份达到或者超过本公司已发行股份的50%的，通过集中竞价方式每累计增持股份比例达到公司已发行股份的2%的，应当披露股份增持进展公告； （6）相关增持主体完成其披露的增持计划，或者在增持计划实施期限内拟提前终止增持计划的，应当按照要求，通知上市公司及时履行信息披露义务。
参考资料	《上海证券交易所上市公司自律监管指引第8号——股份变动管理》	《深圳证券交易所上市公司自律监管指引第10号——股份变动管理》

附录4　减持监管规则

附表4　减持相关规定

减持情形	适用主体	减持相关规定	参考资料
基本要求	一	**沪深交易所：** 上市公司存在破发、破净情形，或者最近三年未进行现金分红、累计现金分红金额低于最近三年均净利润30%（以下简称分红不达标）的，控股股东、实际控制人不得通过二级市场减持本公司股份。 控股股东、实际控制人在预先披露减持计划中，可以披露有关情形的；不存在有关情形的，应当对是否存在破发、破净或者分红不达标等情形进行判断；不存在有关情形的，可以披露减持计划；存在有关情形的，控股股东、实际控制人预先披露减持计划中，减持时间区间不得超过3个月。 控股股东、实际控制人预先披露减持计划的，控股股东、实际控制人不得通过集中竞价交易、大宗交易减持股份。 **北交所：** 上市公司控股股东和持股5%以上股东、实际控制人、董监高计划通过北交所集中竞价交易；控股股东减持股份的，应当及时通知公司，并在首次卖出的15个交易日前预先披露减持计划；其他主体每次披露的减持时间区间不得超过3个月，拟在3个月内减持股份的总数超过公司股份总数1%的，还应当在首次卖出的30个交易日前预先披露减持计划。减持计划内容应包括： （一）减持股份来源、数量、比例，减持期间，方式，价格区间及原因等安排； （二）相关主体已披露的公开承诺情况，本次减持事项是否与承诺内容一致，以及是否存在违反承诺情形； （三）相关主体是否存在本所《上市规则》及本指引规定的不得减持风险； （四）减持计划实施的不确定性风险；	上海证券交易所《关于进一步规范股份减持行为有关事项的通知》（已废止）； 深圳证券交易所《关于进一步规范股份减持行为有关事项的通知》； 《北京证券交易所上市公司持续监管指引第8号——股份减持和持股管理》

（续表）

减持情形	适用主体	减持相关规定	参考资料
基本要求	—	（五）中国证监会、本所要求披露，或相关主体认为其他持有上市前持有并上市前持有的事项。 减持股份属于公开发行股份的，减持计划还应当明确未来12个月上市公司的控制权安排，保证公司持续稳定经营。	
通过证券交易所集中竞价交易	大股东或特定股东	大股东通过证券交易所集中竞价交易减持股份，或者其他股东通过证券交易所集中竞价交易减持其持有的公司首次公开发行前发行的股份的，三个月内减持股份的总数不得超过公司股份总数的1%。 上市公司控股股东、实际控制人计划通过北交所集中竞价交易减持其所持有的本公司股份的，在首次披露减持计划时，不得存在下列情形： （一）最近20个交易日内，上市公司任一交易日股票收盘价低于其公开发行股票上市时的发行价格； （二）最近20个交易日内，上市公司任一交易日股票收盘价低于最近一个会计年度或者最近一期财务会计报告期末每股净资产； （三）上市公司最近一期经审计的财务报告的归属于上市公司股东的净利润为负。	《上市公司股东减持股份管理暂行办法》； 《上海证券交易所上市公司自律监管指引第15号——股东及董事、监事、高级管理人员减持股份》； 《北京证券交易所上市公司持续监管指引第8号——股份减持和持股管理》
大宗交易方式	大股东或特定股东	大股东通过大宗交易方式减持股份，或者其他股东通过大宗交易方式减持其持有的公司首次公开发行前发行的股份的，3个月内减持股份的总数不得超过公司股份总数的2%。 受让方在受让后6个月内不得减持其所受让的股份。 上市公司控股股东、实际控制人计划通过大宗交易减持其所持有的本公司股份的，在首次披露减持计划时，不得存在下列情形： （一）最近20个交易日内，上市公司任一交易日股票收盘价低于其公开发行股票上市时的发行价格； （二）最近20个交易日内，上市公司任一交易日股票收盘价低于最近一个会计年度或者最近一期财务会计报告期末每股净资产； （三）上市公司最近一期经审计的财务报告的归属于上市公司股东的净利润为负。	

（续表）

减持情形	适用主体	减持相关规定	参考资料
协议转让方式（科创板、创业板适用）	大股东或特定股东	大股东通过协议转让方式减让股份，或者其他股东通过协议转让方式减持其持有的公司首次公开发行前的股份的，单个受让方的受让比例不得低于上市公司股份总数的5%，转让价格下限比照大宗交易的规定执行。 通过协议转让方式受让其所受让的股份，不得减持其所受让的股份。 通过协议转让方式减持股份，导致其不再具有大股东或实际控制人身份的，应当在减持后6个月内继续遵守减持限制和相关要求。	《上市公司股东减持股份管理暂行办法》； 《上海证券交易所上市公司自律监管指引第15号——股东及董事、监事、高级管理人员减持股份》； 《北京证券交易所上市公司持续监管指引第8号——股份减持和持股管理》
询价转让（科创板、创业板适用）	大股东或特定股东	大股东询价转让首发前股份的，单独或者合计拟转让的股份数量不得低于上市公司股份总数的1%。	
配售减持（科创板、创业板适用）		大股东向上市公司现有其他股东配售方式减持股份的，单独或者合计拟减持首发前股份份数量应当达到或者超过上市公司股份总数的5%。	
除锁定期以外不得减持的情形	大股东	存在下列情形之一的，大股东不得减持本公司股份： （一）该股东因涉嫌与本上市公司有关的证券期货违法犯罪，被中国证监会立案调查或者被司法机关立案侦查，或者被行政处罚、判处刑罚未满6个月的； （二）该股东因涉及与本上市公司有关的证券违法违规，被证券交易所公开谴责未满3个月的； （三）该股东因涉及证券期货违法，或者涉及证券违法，被中国证监会行政处罚、尚未足额缴纳罚没款的，但法律、行政法规另有规定，或者减持资金用于缴纳行政罚没款的除外； （四）中国证监会规定的其他情形。 大股东不得融券卖出本公司股份的其他情形。	
	控股股东、实际控制人	存在下列情形之一的，上市公司控股股东、实际控制人不得减持本公司股份： （一）上市公司因涉嫌证券期货违法犯罪，或者被被司法机关立案侦查，判处刑罚未满6个月的； （二）上市公司被证券交易所公开谴责未满3个月的； （三）上市公司能触及重大违法强制退市情形，在证券交易所规定的限制转让期限内的； （四）中国证监会规定的其他情形。	

（续表）

减持情形	适用主体	减持相关规定	参考资料
除锁定期以外不得减持的情形	控股股东、实际控制人	存在下列情形之一的，控股股东、实际控制人不得通过证券交易所集中竞价交易或者大宗交易方式减持股份： （一）最近三个已披露经审计的年度报告中上市公司最近三个会计年度未实施现金分红或者累计现金分红金额低于同期年均归属于上市公司股东净利润的30%的，(但其中净利润为负的会计年度不纳入计算； （二）最近二十个交易日中，任一日股票收盘价（向后复权）低于最近一个会计年度或者最近一期财务报告期末每股归属于上市公司股东的净资产的。 （注：已经按照规定披露减持计划，或者中国证监会另有规定的除外）	《上市公司股东减持股份管理暂行办法》； 《上海证券交易所上市公司自律监管指引第15号—股东及董事、监事、高级管理人员减持股份》； 《北京证券交易所上市公司持续监管指引第8号—股份减持和持股管理》
	首次公开发行时的控股股东、实际控制人及其一致行动人	最近二十个交易日中，任一日股票收盘价（向后复权）低于首次公开发行的股票发行价格的，上市公司首次公开发行时的控股股东、实际控制人及其一致行动人，集中竞价交易或者大宗交易方式减持股份。 上市公司在首次公开发行时披露无控股股东、实际控制人的，首次公开发行时持股5%以上的第一大股东及其一致行动人应当遵守前款规定。 （注：已经按照规定披露减持计划，或者中国证监会另有规定的除外）	
违规减持处罚		证券法第三十六条： 公司法和其他法律对其转让期限有限制性规定的，在限定的期限内不得转让。上市公司5%股东、实控人、董监高、转让其持有的本公司的股份，以及其他持有人首次公开发行人首次公开发行前持有的股份或向特定对象发行的股份，卖出时间、卖出数量、卖出方式、信息披露等规定，不得违反法律法规和证监局规定的业务规则。 证券法第一百八十六条： 在限制转让其内转让证券，或者转让股票不符合法律、行政法规和证券监管局规定的，责令改正，给予警告；没收违法所得，并处以买卖证券等值以下的罚款。	

附录5 可转债、可交债和公司债的发行条件

附表5 可转债、可交债和公司债的发行条件

	可转债	可交债	公司债
存续规模（亿元，截至2024年10月24日）	7 763.03	1 083.53	118 623.92
发行条件	基础条件： （1）健全且运行良好的组织机构； （2）现任董事、监事和高级管理人员符合法律、行政法规规定的任职要求； （3）具有完整的业务体系和直接面向市场独立经营的能力，不存在对持续经营有重大不利影响的情形； （4）会计基础工作规范，内部控制制度健全且有效执行，最近三年财务会计报告被出具无保留意见审计报告； （5）除金融类企业外，最近一期末不存在金额较大的财务性投资。 财务质量：主板上市公司要求最近3年平均可分配利润足以支付公司债券1年的利息；最近3个会计年度实现盈利（净利润扣非前后孰低者）；最近3个会计年度ROE（加权）平均不低于6%。具有合理的资产负债结构和正常的现金流量（本次发行完成后，累计债券余额不超过最近一期末净资产的50%）。	（1）申请人应当是符合《公司法》《证券法》规定的有限责任公司或者股份有限公司； （2）公司组织机构健全，运行良好，内部控制制度不存在重大缺陷； （3）公司最近一期末的净资产额不少于人民币3亿元； （4）公司最近3个会计年度实现的年均可分配利润不少于公司债券一年的利息； （5）本次发行后累计公司债券余额不超过最近一期末净资产的40%； （6）本次发行债券的金额不超过预备用于交换的股票按募集说明书公告的前20个交易日均价计算的市值的70%，且应当将预备用于交换的股票设定为本次发行的公司债券的担保物； （7）经资信评级机构评级，债券信用级别良好； （8）不存在《公司债券发行试点办法》第八条规定的不得发行公司债券的情形。	基础条件： （1）具备健全且运行良好的组织机构； （2）最近三年平均可分配利润足以支付公司债券一年的利息； （3）具有合理的资产负债结构和正常的现金流量； （4）国务院规定的其他条件。 其中资信状况符合以下标准的公开发行公司债券，专业投资者和普通投资者可以参与认购，否则仅限专业投资者参与： （1）发行人最近三年无债务违约或者延迟支付本息的事实； （2）发行人最近三年平均可分配利润不少于债券一年利息的15倍； （3）发行人最近一期末净资产规模不少于250亿元； （4）发行人最近36个月内累计公开发行债券不少于3期，发行规模不少于100亿元； （5）中国证监会根据投资者保护的需要规定的其他条件。
交易场所	证券交易所	证券交易所、银行间市场	证券交易所、银行间市场以及银行柜台市场

资料来源：《上市公司证券发行注册管理办法》《上市公司股东发行可交换债券试行规定》《公司债券发行与交易管理办法》，"安道林泉"公众号连载作品《可转债投资导航图：筑就稳健的长盈投资策略》。

附录6　上市公司监管指引第 10 号文件

上市公司监管指引第 10 号——市值管理

第一条　为切实推动上市公司提升投资价值，增强投资者回报，根据《中华人民共和国公司法》《中华人民共和国证券法》《国务院关于加强监管防范风险推动资本市场高质量发展的若干意见》《上市公司信息披露管理办法》等规定，制定本指引。

第二条　本指引所称市值管理，是指上市公司以提高公司质量为基础，为提升公司投资价值和股东回报能力而实施的战略管理行为。

上市公司应当牢固树立回报股东意识，采取措施保护投资者尤其是中小投资者利益，诚实守信、规范运作、专注主业、稳健经营，以新质生产力的培育和运用，推动经营水平和发展质量提升，并在此基础上做好投资者关系管理，增强信息披露质量和透明度，必要时积极采取措施提振投资者信心，推动上市公司投资价值合理反映上市公司质量。

上市公司质量是公司投资价值的基础和市值管理的重要抓手。上市公司应当立足提升公司质量，依法依规运用各类方式提升上市公司投资价值。

第三条　上市公司应当聚焦主业，提升经营效率和盈利能力，同时可以结合自身情况，综合运用下列方式促进上市公司投资价值合理反映上市公司质量：

（一）并购重组；

（二）股权激励、员工持股计划；

（三）现金分红；

（四）投资者关系管理；

（五）信息披露；

（六）股份回购；

（七）其他合法合规的方式。

第四条　董事会应当重视上市公司质量的提升，根据当前业绩和未来战略规划就上市公司投资价值制定长期目标，在公司治理、日常经营、并购重组及融资等重大事项决策中充分考虑投资者利益和回报，坚持稳健经营，避免盲目扩张，不断提升上市公司投资价值。

董事会应当密切关注市场对上市公司价值的反映，在市场表现明显偏离上市公司价值时，审慎分析研判可能的原因，积极采取措施促进上市公司投资价值合理反映上市公司质量。

董事会在建立董事和高级管理人员的薪酬体系时，薪酬水平应当与市场发展、个人能力价值和业绩贡献、上市公司可持续发展相匹配。鼓励董事会建立长效激励机制，充分运用股权激励、员工持股计划等工具，合理拟定授予价格、激励对象范围、股票数量和业绩考核条件，强化管理层、员工与上市公司长期利益的一致性，激发管理层、员工提升上市公司价值的主动性和积极性。

鼓励董事会结合上市公司的股权结构和业务经营需要，推动在公司章程或者其他内部文件中明确股份回购的机制安排。鼓励有条件的上市公司根据回购计划安排，做好前期资金规划和储备。鼓励上市公司将回购股份依法注销。

鼓励董事会根据公司发展阶段和经营情况，制定并披露中长期分红规划，增加分红频次，优化分红节奏，合理提高分红率，增强投资者获得感。

第五条 董事长应当积极督促执行提升上市公司投资价值的董事会决议，推动提升上市公司投资价值的相关内部制度不断完善，协调各方采取措施促进上市公司投资价值合理反映上市公司质量。

董事、高级管理人员应当积极参与提升上市公司投资价值的各项工作，参加业绩说明会、投资者沟通会等各类投资者关系活动，增进投资者对上市公司的了解。

董事、高级管理人员可以依法依规制定并实施股份增持计划，提振市场信心。

第六条 董事会秘书应当做好投资者关系管理和信息披露相关工作，与投资者建立畅通的沟通机制，积极收集、分析市场各方对上市公司投资价值的判断和对上市公司经营的预期，持续提升信息披露透明度和精准度。

董事会秘书应当加强舆情监测分析，密切关注各类媒体报道和市场传闻，发现可能对投资者决策或者上市公司股票交易价格产生较大影响的，应当及时向董事会报告。上市公司应当根据实际情况及时发布澄清公告等，同时可通过官方声明、召开新闻发布会等合法合规方式予以回应。

第七条 鼓励控股股东、实际控制人长期持有上市公司股份，保持上市公司控制权的相对稳定。控股股东、实际控制人可以通过依法依规实施股份增持计划、自愿延长股份锁定期、自愿终止减持计划或者承诺不减持股份等方式，提振市场信心。

上市公司应当积极做好与股东的沟通，引导股东长期投资。

第八条　主要指数成份股公司应当制定上市公司市值管理制度，至少明确以下事项：

（一）负责市值管理的具体部门或人员；

（二）董事及高级管理人员职责；

（三）对上市公司市值、市盈率、市净率或者其他适用指标及上述指标行业平均水平的具体监测预警机制安排；

（四）上市公司出现股价短期连续或者大幅下跌情形时的应对措施。

主要指数成份股公司应当经董事会审议后披露市值管理制度的制定情况，并就市值管理制度执行情况在年度业绩说明会中进行专项说明。

其他上市公司可以结合自身实际情况，参照执行前两款规定。

第九条　长期破净公司应当制定上市公司估值提升计划，并经董事会审议后披露。估值提升计划相关内容应当明确、具体、可执行，不得使用容易引起歧义或者误导投资者的表述。长期破净公司应当至少每年对估值提升计划的实施效果进行评估，评估后需要完善的，应经董事会审议后披露。

市净率低于所在行业平均水平的长期破净公司应当就估值提升计划执行情况在年度业绩说明会中进行专项说明。

第十条　上市公司及其控股股东、实际控制人、董事、高级管理人员等应当切实提高合规意识，不得在市值管理中从事以下行为：

（一）操控上市公司信息披露，通过控制信息披露节奏、选择性披露信息、披露虚假信息等方式，误导或者欺骗投资者；

（二）通过内幕交易、泄露内幕信息、操纵股价或者配合其他主体实施操纵行为等方式，牟取非法利益，扰乱资本市场秩序；

（三）对上市公司证券及其衍生品种交易价格等作出预测或者承诺；

（四）未通过回购专用账户实施股份回购，未通过相应实名账户实施股份增持，股份增持、回购违反信息披露或股票交易等规则；

（五）直接或间接披露涉密项目信息；

（六）其他违反法律、行政法规、中国证监会规定的行为。

第十一条　违反本指引第八条、第九条规定，主要指数成份股公司未披露上市公司市值管理制度制定情况，长期破净公司未披露上市公司估值提升计划的，中国证监会可以按照《证券法》第一百七十条第二款采取责令改正、监管谈话、出具警示函的措施。

第十二条　上市公司及其控股股东、实际控制人、董事、高级管理人员等违反本指引，同时违反其他法律、行政法规、中国证监会规定的，中国证监会根据相关行为的性质、情节轻重依法予以处理。

第十三条　上市公司披露无控股股东、实际控制人的，持股比例超过5%的第一大股东及其一致行动人参照第七条、第十条的有关规定执行。

第十四条　本指引下列用语的含义：

（一）主要指数成份股公司，是指：

1. 中证 A500 指数成份股公司；

2. 沪深 300 指数成份股公司；

3. 上证科创板 50 成份指数、上证科创板 100 指数成份股公司；

4. 创业板指数、创业板中盘 200 指数成份股公司；

5. 北证 50 成份指数成份股公司；

6. 证券交易所规定的其他公司。

（二）股价短期连续或者大幅下跌情形，是指：

1. 连续 20 个交易日内上市公司股票收盘价格跌幅累计达到 20%；

2. 上市公司股票收盘价格低于最近一年股票最高收盘价格的 50%；

3. 证券交易所规定的其他情形。

（三）长期破净公司，是指股票连续 12 个月每个交易日的收盘价均低于其最近一个会计年度经审计的每股归属于公司普通股股东的净资产的上市公司。

第十五条　本指引自发布之日起实施。

参考文献

［1］安永 ESG 课题组.一本书读懂 ESG［M］.机械工业出版社,2024.

［2］金观涛.系统的哲学［M］.鹭江出版社,2019.

［3］杨洁.企业并购整合研究［M］.经济管理出版社,2005.

［4］李心丹.投资者关系管理：研究综述［J］.经济学动态,2006(2)：71-73.

［5］罗正方,可交换债券优势、发行现状及对股价影响［J］.现代经济信息,2018
(6)：317-318.

［6］王斌,黄娜,张晨宇.中国上市公司股权激励：现状与讨论［J］.财务研究,
2022(1)：23-37.

［7］王桂虎,贺恩远.配股融资的现实困境与配股权流通研究［J］.经济与管理,
2021,35(3)：39-48.

［8］王黎黎.实物期权在企业并购价值评估中的应用研究［D］.东北财经大
学,2007.

［9］王翌秋,谢萌.ESG 信息披露对企业融资成本的影响——基于中国 A 股上
市公司的经验证据［J］.南开经济研究,2022(11)：75-94.

［10］尹奉廷.企业改制上市的股权重组和资产整合［J］.企业改革与管理,2008
(8)：9-10.

［11］张梓瑶,覃家琦,谢雁翔,等.融资融券对企业多元化经营的影响研究［J］.
管理学报,2023,20(9)：1398-1408.

［12］赵鑫露，赵小明.高管权力对上市公司送转股政策的影响研究［J］.商业会计，2019(20)：12-19.

［13］华润集团.组织架构［EB/OL］. https://www. crc. com. hk/about/overview/architecture/index. html.

［14］中国银行业监督管理委员会.金融机构衍生产品交易业务管理暂行办法：中国银行业监督管理委员会令 2004 年第 1 号［A/OL］.(2004-02-04). https://www. gov. cn/gongbao/content/2004/content_62942. htm? eqid = fa9dfff80002eef20000000264588704.

［15］中国证券监督管理委员会.关于修改《上市公司股权激励管理办法》的决定：证监会令第 148 号［A/OL］.(2008-08-15). https://www. gov. cn/gongbao/content/2018/content_5338233. htm.

［16］Tom Joyce，Dan Comas. DANAHER BUSINESS SYSTEM.［R/OL］.(2018-05). https://filecache. investorroom. com/mr5ir _ danaher/507/Danaher%20DBS%20Overview%20May%202018. pdf.

［17］华润(集团)有限公司.华润集团公司治理白皮书［R/OL］.(2023-12). https://www. crc. com. cn/IR/writebook/2023 - 12 - 20/P02023122 1361 518639254. pdf.

［18］李国盛，林起贤，闫海.博通：软硬一体的 AI 卖铲人［R/OL］.(2024-06-10). https://testtoo1. oss-cn-hangzhou. aliyuncs. com/eastmoney _ pdf/AP202406121635989153. pdf.

［19］殷中枢，王威.丹纳赫：不仅会并购，更精通整合——国际环保巨头系列报告之十［R/OL］.(2019-07-09). https://www. hangyan. co/reports/25301 33484031181868.

致　谢

　　本书在写作过程中，得到了社会各界领导、朋友的鼓励和支持，在此特别感谢施德容先生、阮学平先生、莫兆杰先生、谭大平先生、陈波先生对我们团队的关怀，感谢林圣展、陈炜、焦思博、王素文、常松林等众多朋友的真诚相助，感谢团队成员刘飞、黄汪平、包涵、刘潜、刘红、史正杰、陈玉辉辛勤的付出，大家的关心和鼓励是激励我们不断向上攀登的动力，再次真挚感谢。

后　记

　　本书历时 4 个月，终于收笔，在此要特别感谢社会各界领导、朋友的支持与指导。在撰写过程中，笔者更加感觉到市值管理是一个综合性很强的领域，是一种交叉学科，要融合并灵活运用相关知识以应对资本难题，是十分不容易的。中国在这方面的探索才刚刚开始，虽然有些经验可以借鉴海外市场，但更重要的还是探索出适合我们自己的方法论。在过往的工作经历中，笔者发现很多朋友对市值管理的理解是片段式的。笔者曾在 2015 年股灾前后目睹众多上市公司从"天堂"到"地狱"的悲惨经历，深知企业家们饱受其累。在股灾过后，监管部门着力打击以市值管理为幌子的违规违法行为，即伪市值管理行为，其中，内幕交易和操纵市场是伪市值管理最主要的特征。不过，监管部门在 2016—2017 年重提市值管理概念，鼓励合规合法的市值管理。直至今天，市值管理被正式纳入政策指导性文件，这是一种伟大的转变，也是时代的召唤。在本书中，笔者试图在整体的哲学框架下思考市值管理的逻辑，将片段式的市值管理概念串成一个系统，同时总结过往经验，把一些常见的问题作为议题提出并加以探讨。由于时间和经验有限，书中难免有纰漏，还请读者朋友多提意见。笔者在本书撰写过程中还一直在思考海外的做市商制度是如何影响市值管理的，但由于缺乏这方面的数据和资料，一直没有形成书面的研究文字。如果读者有这方面的研究资料，欢迎与我们交流联系。

　　2024年以来，市值管理被官方正式提出，这对中国资本市场来说是里程碑式的事件。若干年以后，当我们回首现在，会发现历史正站在一个十字路口。市值管理的提出就是要把资本市场往正确的道路上引导，在中国经济日益强大的今天，只有具备对应优质的虚拟资产，才能形成产业金融的良性循环。希望本书能够抛砖引玉，为中国资本市场的发展贡献绵薄之力。本书原来取名为《市值管理新视野：原则与方法》，后在多方协商之下改成现在的书名。作为一个仅在资本市场从业18年的人，我不敢对市值管理的定义和原则做出轻率的论断，有很多优秀的同行在这方面已经积累了十分丰富的经验，我们还是正在成长和学习的后辈，还望读者海涵。

张　凡

2025 年 2 月 23 日